Wskazówki dla czytelnika:

Czytaj głównie tekst w języku niemieckim.
Jeśli nie znasz jakiegoś słowa, spójrz na wiersz poniżej.
Tłumaczenia nie należy czytać jednym ciągiem.

Słowa podkreślone stanowią całość.
W oczywistych przypadkach, np. rodzajnik + rzeczownik
oraz w niektórych konstrukcjach gramatycznych
podkreślenie zignorowano.

Cyfra 1... oznacza, że do tego słowa przynależy drugie ...1.

Tekst w nawiasach kwadratowych [ ] = uwaga tłumacza.

Jeśli słowo ma kilka znaczeń, podane jest tłumaczenie
dopasowane **do kontekstu**
(z tendencją do znaczenia podstawowego).

W szczególnych przypadkach przedłożono zastosowanie
praktyczne nad ścisłość naukową.

Ganz kurz ein paar Hinweise:

Lesen Sie primär nur den deutschen Text auf der Hauptzeile.
Bei Unklarheiten springen Sie runter zur Übersetzungszeile.
Nicht die Übersetzungszeile im Fluss lesen!

Punktiert unterstrichene Wörter gehören zusammen.
In offensichtlich klaren Fällen, z.B. Artikel + Substantiv und
in einigen grammatischen Konstruktionen, wurde aber nicht
unterstrichen.

Eine Zahl 1... zeigt an, dass zu dem Wort noch
ein zweites Wort ...1 dazugehört.

Text in eckigen Klammern [ ] = Anmerkung des Übersetzers.

Da ein Wort mehrere Bedeutungen haben kann, gilt:
Es ist diejenige Bedeutung angegeben, die das Wort
im vorliegenden Zusammenhang hat
(mit Tendenz zur Hauptbedeutung).

In Grenzfällen wurde die Praxisnähe bevorzugt
gegenüber wissenschaftlicher Genauigkeit.

Bibliografische Information der Deutschen Nationalbibliothek:

Die Deutsche Nationalbibliothek verzeichnet diese Publikation
in der Deutschen Nationalbibliografie.
Detaillierte bibliografische Daten sind im Internet abrufbar
über http://dnb.d-nb.de

Johann Peter Hebel/Sylwia Ragan:
Der listige Kaufmann/Podstępny kupiec

Książka dwujęzyczna, niemiecko-polska
Lektüre zweisprachig, Deutsch/Polnisch

tłumaczenie dosłowne – każde słowo z osobna –
wörtlich übersetzt – jedes Wort einzeln –

Übersetzerin: Sylwia Ragan
Herausgeber: Harald Holder

Die Texte wurden an einigen Stellen behutsam dem Zweck angepasst.

ISBN: 978 – 3 – 94 33 94 – 65 – 8

Druck und Bindung: Books on Demand GmbH, Norderstedt
Printed in Germany

www.holder-augsburg-zweisprachig.de

3

Der listige Kaufmann
[---] podstępny kupiec

Die Wölfe beißen bisweilen auch ein gescheites Hündlein, sagt
[---] wilki gryzą niekiedy też [---] rozumnego pieska mówi

Doktor Luther.
doktor Luther

Ein französischer Kaufmann segelte mit einem Schiff voll großen
[---] francuski kupiec żeglował (z) [---] statkiem pełnym wielkiego

Reichtums aus dem Osten heim, aus dem Morgenland, wo unser
bogactwa ze [---] wschodu do domu z [---] krajów Dalekiego Wschodu gdzie nasza

Glaube, unsere Obstbäume und unser Blut daheim ist, und dachte
wiara nasze drzewa owocowe i nasza krew u siebie jest i myślał

schon mit Freuden daran, wie er jetzt bald ein eigenes Schlösslein
już z radością o tym jak on teraz wkrótce [---] własny zameczek

am Meer bauen, und ruhig leben und alle Abende dreierlei Fische
nad morzem budować i spokojnie żyć a co wieczór trojakie ryby

zu Nacht speisen wolle.
na kolację spożywać chce

Paff, geschah ein Schuss! Ein algerisches Raubschiff war in der Nähe,
paf! zdarzył się [---] strzał [---] algierski okręt rabunkowy był w [----] pobliżu

wollte uns gefangen nehmen und geraden Weges nach Algier führen
chciał nas do niewoli wziąć i prostą drogą do Algieru prowadzić

in die Sklaverei. Denn hat man zwischen Wasser und Himmel gute
do [---] niewoli ponieważ ma się między wodą a niebem dobrą

Gelegenheit, Luftschlösser zu bauen, so hat man auch gute
okazję zamki na lodzie [---] budować a zatem ma się też dobrą

Gelegenheit, zu stehlen. So denken die algerischen Seeräuber auch.
okazję [---] kraść tak myślą [---] algierscy piraci też

Hat das Wasser keine Balken, so hat es auch keine Galgen.
ma [---] woda żadne belki to ma ona też żadne szubienice

Wasser hat keine Balken = woda jest zdradliwa

Zum Glück hatte der Kaufmann einen Kroaten auf dem Schiff, der
na szczęście miał [---] kupiec [---] Chorwata na [---] statku który

schon einmal in algerischer Gefangenschaft gewesen war und ihre
już raz w algierskiej niewoli był [---] i jej

Sprache und ihre Prügel aus dem Fundament verstand.
język i jej cięgi z [---] fundamentu [od podstaw] rozumiał

Zu dem sagte der Kaufmann:
do niego powiedział [---] kupiec

"Nicolo, hast du Lust noch einmal algerisch zu werden? Folge mir,
Nicolo masz ty ochotę jeszcze raz algierski [---] stać się podążaj [za] mną

4

was ich dir sage, so kannst du dich erretten, und uns."
co   ja tobie powiem tak możesz   ty siebie uratować   i   nas

Also verbargen wir uns alle im Schiff, dass kein Mensch zu sehen
więc   ukryliśmy (my) się wszyscy w   statku   że   żaden   człowiek   do zobaczenia

war; nur der Kroate stellte sich oben auf das Deck. Als nun
był   tylko [---]   Chorwat   ustawił   się   na górze na   [---] pokładzie kiedy teraz

die Seeräuber mit ihren blinkenden Säbeln schon nahe waren und
[---]   piraci   z   ich   błyszczącymi szablami   już   blisko   byli   i

riefen, die Christenhunde sollten sich ergeben, fing   der Kroate mit
wołali   [---]   psy chrześcijańskie   powinni byli   się   poddać   zaczął 1... [---] Chorwat (z)

kläglicher Stimme auf Arabisch an:
żałosnym   głosem   po   arabsku   ...1

"Wir sind alle an der Pest gestorben, bis auf die Kranken, die noch auf
my   [---] wszyscy na [---] dżumę   zmarliśmy   aż   po [---]   chorych   którzy jeszcze   na

ihr   Ende warten, und ein deutscher Amtsdiener und ich.
swój [ich] koniec czekają   i   [---]   niemiecki urzędnik [podrzędny]   i   ja

Um Gottes Willen, rettet mich!"
na miłość boską   ratujcie   mnie

um jemandes/etwas Willen = ze względu na kogoś/coś; dla kogoś/czegoś

Dem algerischen Kapitän, als er hörte, dass er so nah an einem Schiff
[---]   algierskiemu   kapitanowi kiedy on usłyszał   że   on tak blisko przy   [---]   statku

voll   Pest sei, wurde es grün und gelb vor den Augen. In der größten
pełnym zarazy jest   stało się [---] zielono   i   żółto przed [---]   oczami   w [---] największej

jemandem wird es grün und gelb vor den Augen = robi się komuś słabo

Geschwindigkeit hielt er das Taschentuch vor die Nase, hatte aber
prędkości   chwycił on [---]   chusteczkę   przed [---]   nos   miał jednak

keines, sondern den Ärmel; und lenkte sein Schiff hinter den Wind.
żadną   lecz   [---]   rękaw   i   skierował swój   statek   za   [---]   wiatr

"Gott helfe   dir, der Gnädige und Barmherzige! Aber geh
Bóg niech pomoże tobie [---]   łaskawy   i   miłosierny   ale   idź

zum Henker mit deiner Pest! Ich will dir eine Flasche voll
do diabła   z   twoją zarazą ja chcę tobie [---]   butelkę   pełną

Kräuteressig reichen."
octu ziołowego   podać

Darauf ließ er ihm eine Flasche voll Kräuteressig reichen, an einer
potem   kazał on jemu [---]   butelkę pełną   octu ziołowego   podać   na [---]

langen Stange, und segelte so schnell wie möglich davon.
długim   drążku   i   żeglował tak szybko jak możliwe   stąd

5

Also kamen wir glücklich aus der Gefahr,   und der Kaufherr baute
więc wyszliśmy (my) szczęśliwie z [---] niebezpieczeństwa a [---] kupiec zbudował
hernach in der Gegend von Marseille das Schlösslein und stellte
później w [---] okolicy (od) Marsylii [---] zameczek i zatrudnił 1...
den Kroaten als Hausmeister an, auf lebenslang.
[---] Chorwata jako dozorcę ...1 na całe życie

Das schlaue Mädchen
[---] przebiegła dziewczynka

In einer großen Stadt hatten viele reiche und vornehme Herren einen
w pewnym dużym mieście miało wielu bogatych i wytwornych panów [---]
lustigen Tag. Einer von ihnen dachte:
wesoły dzień jeden z nich pomyślał

"Könnt ihr heute dem Wirt und den Musikanten wenigstens 1500
możecie wy dzisiaj [---] gospodarzowi i [---] muzykantom przynajmniej 1500
Gulden zu verdienen geben, so könnt ihr auch etwas für die liebe
guldenów [---] zarobić dać tak możecie wy też trochę do [---] kochanej
Armut beisteuern."
biedy przyczynić się
Also kam, als die Herren am fröhlichsten waren, ein hübsches und
więc przyszła kiedy [---] panowie najweselsi byli [---] ładna i
nett gekleidetes Mädchen mit einem Teller und bat mit süßen
schludnie ubrana dziewczynka z [---] talerzem i prosiła ze słodkimi
Blicken und liebem Wort um eine Gabe für die Armen. Jeder gab, der
spojrzeniami i miłym słowem o [---] datek dla [---] biednych każdy dał [---]
eine weniger, der andere mehr, je nachdem der Geldbeutel beschaffen
jeden mniej [---] inny więcej zależnie od tego, jak [---] sakiewka zaopatrzona
war und das Herz. Denn kleiner Beutel und enges Herz gibt wenig.
była i [---] serce bowiem mały worek i wąskie serce daje mało
Weiter Beutel und großes Herz gibt viel. So ein Herz hatte derjenige,
szeroki worek i wielkie serce daje wiele tak więc [---] serce miał ten
zu welchem das Mädchen jetzt kommt. Denn als er ihm in die hellen,
do którego [---] dziewczynka teraz przychodzi bo kiedy on jej w [---] jasne
schmeichelnden Augen schaute, ging ihm das Herz fast in Liebe
schlebiające oczy spojrzał otworzyło się 2... mu [---] serce prawie w miłości
auf. Deswegen legte er zwei Louisdor auf den Teller und sagte
...2 dlatego położył on dwa luidory [moneta] na [---] talerz i powiedział
dem Mädchen ins Ohr:
[---] dziewczynce do ucha

6

"Für deine zwei schönen blauen Augen."
dla   twoich (dwóch) pięknych niebieskich oczu

Das war nämlich so gemeint: Weil du, schöne Gutherzige für die
to   było mianowicie tak pomyślane ponieważ ty   piękna   dobroduszna dla [---]

Armen, zwei so schöne Augen hast, so geb' ich den Armen zwei so
biednym (dwa) tak   piękne   oczy masz to dam ja [---] biednym dwa tak

schöne Louisdor, sonst   würde eine auch reichen. Das schlaue
piękne   luidory w innym wypadku [---] jeden też starczyłby [---] przebiegła

Mädchen aber stellte sich, als wenn es die Sache ganz anders
dziewczynka jednak   udała   jakby ona [---] rzecz całkiem inaczej

verstünde. Denn weil er sagte: "Für deine zwei schöne Augen" -
zrozumiała(by) bo ponieważ on powiedział dla twoich (dwóch) pięknych   oczu

nahm es   ganz züchtig die zwei Louisdor vom Teller weg,
zabrała 1... [dziewczynka] całkiem skromnie [---] dwa   luidory z   talerza ...1

steckte sie in den eigenen Sack und sagte mit schmeichelnden
schowała je do [---] własnego woreczka i powiedziała z   pochlebiającymi

Gebärden:
gestami

"Schönen, herzlichen Dank! Aber seid so gut und gebt mir jetzt auch
piękne   serdeczne   dzięki ale bądźcie tak dobrzy i   dajcie mi teraz też

noch etwas für die Armen."
jeszcze coś dla [---] biednych

Da legte der Herr noch einmal zwei Louisdor auf den Teller, kniff das
wtedy położył [---] pan jeszcze raz   dwa   luidory na [---] talerz uszczypał [---]

Mädchen freundlich in die Backen und sagte: "Du kleiner Schuft!"
dziewczynkę przyjaźnie w [---] policzki i powiedział ty   mały   draniu

Von den andern aber wurde er ganz entsetzlich ausgelacht, und sie
przez [---] innych jednak został on całkiem okropnie   wyśmiany   i   oni

tranken auf des Mädels Gesundheit, und die Musikanten machten
pili   za [---] dziewczęcia zdrowie   a [---]   muzykanci   robili

Wirbel.
harmider

Der Fremde in Memel
[---] cudzoziemiec w Kłajpedzie

Oft sieht   die Wahrheit wie eine Lüge aus. Das erfuhr   ein
często wygląda 2... [---] prawda jak [---] kłamstwo ...2 tego doświadczył pewien

Fremder, der vor einigen Jahren mit einem Schiff aus Westindien an
cudzoziemiec który przed kilkoma   laty   (z)   [---]   statkiem z Indii Zachodnich do

den Küsten der Ostsee ankam. Damals war der russische Kaiser bei
[---] brzegów [---] Bałtyku przybył wówczas był [---] rosyjski cesarz u

dem König von Preußen auf Besuch. Beide Monarchen standen in
[---] króla (od) Prus z wizytą obaj monarchowie stali w

gewöhnlicher Kleidung, ohne Begleitung, Hand in Hand, als zwei
zwykłym ubraniu bez asysty ręka w rękę jak dwaj

rechte gute Freunde, beieinander am Ufer. So etwas sieht man nicht
prawdziwi dobrzy przyjaciele jeden obok drugiego na brzegu takie coś widzi się nie

alle Tage. Der Fremde dachte auch nicht daran, sondern ging
co dzień [---] cudzoziemiec myślał też nie o tym lecz podszedł 1...

ganz treuherzig auf sie zu, meinte, es seien zwei Kaufleute oder
całkiem prostodusznie do nich ...1 sądził [że] to są dwaj kupcy lub

andere Herren aus der Gegend, und fing ein Gespräch mit ihnen
inni panowie z [---] okolicy i rozpoczął 2... [---] rozmowę z nimi

an, war begierig, allerlei Neues zu hören, das seit seiner Abwesenheit
...2 był żądny wszelakiej nowości [---] słyszeć która od jego nieobecności

sich zugetragen habe. Endlich, da die beiden Monarchen sich
się zdarzyła [---] w końcu ponieważ [---] obaj monarchowie (się)

leutselig mit ihm unterhielten, fand er Veranlassung, den einen auf
życzliwie z nim rozmawiali znalazł on powód [---] jednego w

eine höfliche Art zu fragen, wer er sei.
[---] uprzejmy sposób [---] zapytać kim on jest

"Ich bin der König von Preußen", sagte der eine. Das kam nun
ja jestem [---] królem (od) Prus powiedział [---] jeden to wydało się 3... teraz

dem fremden Ankömmling schon ein wenig sonderbar vor. Doch
[---] obcemu przybyszowi już trochę dziwne ...3 jednak

dachte er: Es ist möglich, und machte vor dem Könige ein
pomyślał on to jest możliwe i zrobił przed [---] królem [---]

ehrerbietiges Kompliment. Und das war vernünftig. Denn in
pełen szacunku [tu:] ukłon i to było rozsądne bowiem w

zweifelhaften Dingen muss man immer das Sicherste und Beste
wątpliwych sprawach trzeba zawsze [---] najpewniejsze i najlepsze

wählen und lieber eine Höflichkeit aus Irrtum begehen als eine
wybierać i lepiej [---] grzeczność z pomyłki popełnić niż [---]

Grobheit.
grubiaństwo

Als aber der König weiter sprach und auf seinen Begleiter deutete:
kiedy ale [---] król dalej mówił i na swojego towarzysza wskazał

"Dies ist Seine Majestät der russische Kaiser", da war's doch dem
to jest Jego Cesarska Mość [---] rosyjski cesarz wtedy było to przecież [---]

ehrlichen Mann, als wenn zwei Spaßvögel ihn zum Narren halten
uczciwemu człowiekowi jakby dwaj żartownisie go za głupca uważać

8

wollten, und sagte:
chcieli   i   powiedział

jemanden zum Narren halten = nabijać się z kogoś

"Wenn ihr Herren mit einem ehrlichen Mann euern Spaß haben wollt,
jeśli wy panowie z   [---]   poczciwym człowiekiem wasz ubaw mieć chcecie

so sucht einen andern als mich.   Bin ich deswegen aus Westindien
to szukajcie [---] innego niż mnie [czy] [---] ja   dlatego   z Indii Zachodnich

hierher gekommen, dass ich euer Narr sei?"
tutaj przybyłem   żebym ja waszym błaznem był

Der Kaiser wollte ihm zwar versichern, dass er tatsächlich derjenige
[---] cesarz   chciał mu wprawdzie zapewnić   że on rzeczywiście   ten

sei. Der Fremde gab jedoch kein Gehör mehr.   "Ein russischer
jest [---] cudzoziemiec dał jednak żaden słuch więcej [nie słuchał już] [---] rosyjskim

Spaßvogel mögt Ihr sein", sagte er. Als er aber nachher im
żartownisiem możecie wy być powiedział on kiedy on ale później w

Grünen Baum   die Sache erzählte und gegenteiligen Bericht
Zielonym Drzewie [gospoda] [---] rzecz opowiedział i   odwrotną relację

bekam, da kam er ganz demütig wieder, bat fußfällig um
dostał wtedy wrócił 1... on całkiem pokorny ...1   prosił na klęczkach o

Vergebung, und die großmütigen Monarchen verziehen ihm, wie
przebaczenie   a   [---] wspaniałomyślni monarchowie wybaczyli mu jak

natürlich, und hatten hernach viel Spaß an dem Vorfall.
naturalnie   i   mieli   potem wiele uciechy z [tego] zdarzenia

Der geheilte Patient
[---]   wyleczony   pacjent

Reiche Leute haben trotz ihres Wohlstandes doch manchmal auch
bogaci ludzie mają mimo ich   dostatku   wszak czasami   też

allerlei Lasten und Krankheiten auszustehen, von denen gottlob der
wszelakie ciężary i   choroby   do zniesienia o których Bogu dzięki [---]

arme Mann nichts weiß, denn es gibt Krankheiten, die nicht in der
biedny człowiek nic [nie] wie ponieważ są   choroby które nie w [---]

Luft stecken, sondern in den vollen Schüsseln und Gläsern
powietrzu tkwią   lecz w [---] pełnych miskach i szklanych naczyniach

und in den weichen Sesseln und seidenen Betten, wie jener reiche
i w [---] miękkich fotelach i jedwabnych łóżkach jak tamten bogaty

Amsterdamer ein Wort davon reden kann.
Amsterdamczyk jedno słowo o tym powiedzieć może

Den ganzen Vormittag saß er im Sessel und rauchte Tabak,
[---]   całe przedpołudnie siedział on w   fotelu i   palił   tytoń

wenn er nicht zu faul war, oder schaute gelangweilt
kiedy on nie zbyt leniwy był lub patrzył znudzony

zum Fenster hinaus, aß aber zu Mittag doch wie ein
przez okno jadł ale obiad przecież jak [---]

Scheunendrescher, und die Nachbarn sagten manchmal:
młockarz i [---] sąsiedzi mówili czasem

essen wie ein Scheunendrescher = jeść za czterech

"Windet es draußen oder schnauft der Nachbar so?"
wieje na zewnątrz czy sapie [---] sąsiad tak

Den ganzen Nachmittag aß und trank er ebenfalls bald etwas Kaltes,
[---] całe popołudnie jadł i pił on również raz coś zimnego

bald etwas Warmes, ohne Hunger und ohne Appetit, aus lauter
raz coś ciepłego bez głodu i bez apetytu z czystej

Langeweile bis an den Abend, so daß man bei ihm nie recht
nudy aż do [---] wieczora tak że [---] u niego nigdy właściwie

sagen konnte, wo das Mittagessen aufhörte und wo das Nachtessen
powiedzieć można było gdzie [---] obiad kończył się a gdzie [---] kolacja

anfing. Nach dem Nachtessen legte er sich ins Bett und war so müde,
zaczynała się po [---] kolacji kładł on się do łóżka i był tak zmęczony

als wenn er den ganzen Tag Steine abgeladen oder Holz gespalten
jakby on [---] cały dzień kamienie wyładowywał(by) lub drewno rąbał(by)

hätte. Davon bekam er zuletzt einen dicken Leib, der so unbeholfen
[---] od tego dostał on w końcu [---] grube ciało które tak ociężałe

war wie ein Sack. Essen und Schlaf wollten ihm nicht mehr
było jak [---] worek jedzenie i sen chciały mu już nie

schmecken, und er war lange Zeit, wie es manchmal geht, nicht recht
smakować i on był długi czas jak to czasem bywa nie dość

gesund und nicht recht krank; wenn man aber ihn selber hörte,
zdrowy i nie dość chory kiedy [---] jednak jego samego słuchało się

so hatte er 365 Krankheiten, nämlich alle Tage eine andere. Alle Ärzte,
to miał on 365 chorób mianowicie co dzień jakąś inną wszyscy lekarze

die in Amsterdam sind, mussten ihm raten. Er verschluckte ganze
którzy w Amsterdamie są musieli mu doradzać on połykał całe

Eimer voll Mixturen und ganze Schaufeln voll Pulver und Pillen, wie
wiadra pełne mikstur i całe szufle pełne proszku i pigułek jak

Enteneier so groß, und man nannte ihn zuletzt scherzweise nur die
kacze jaja tak duże i nazywano go wreszcie żartobliwie tylko [---]

zweibeinige Apotheke. Aber alle Ärzte halfen ihm nichts, denn er
dwunogą apteką ale wszyscy lekarze pomogli mu nic bo on

befolgte nicht, was ihm die Ärzte befahlen, sondern sagte:
przestrzegał nie co mu [---] lekarze nakazywali lecz mówił

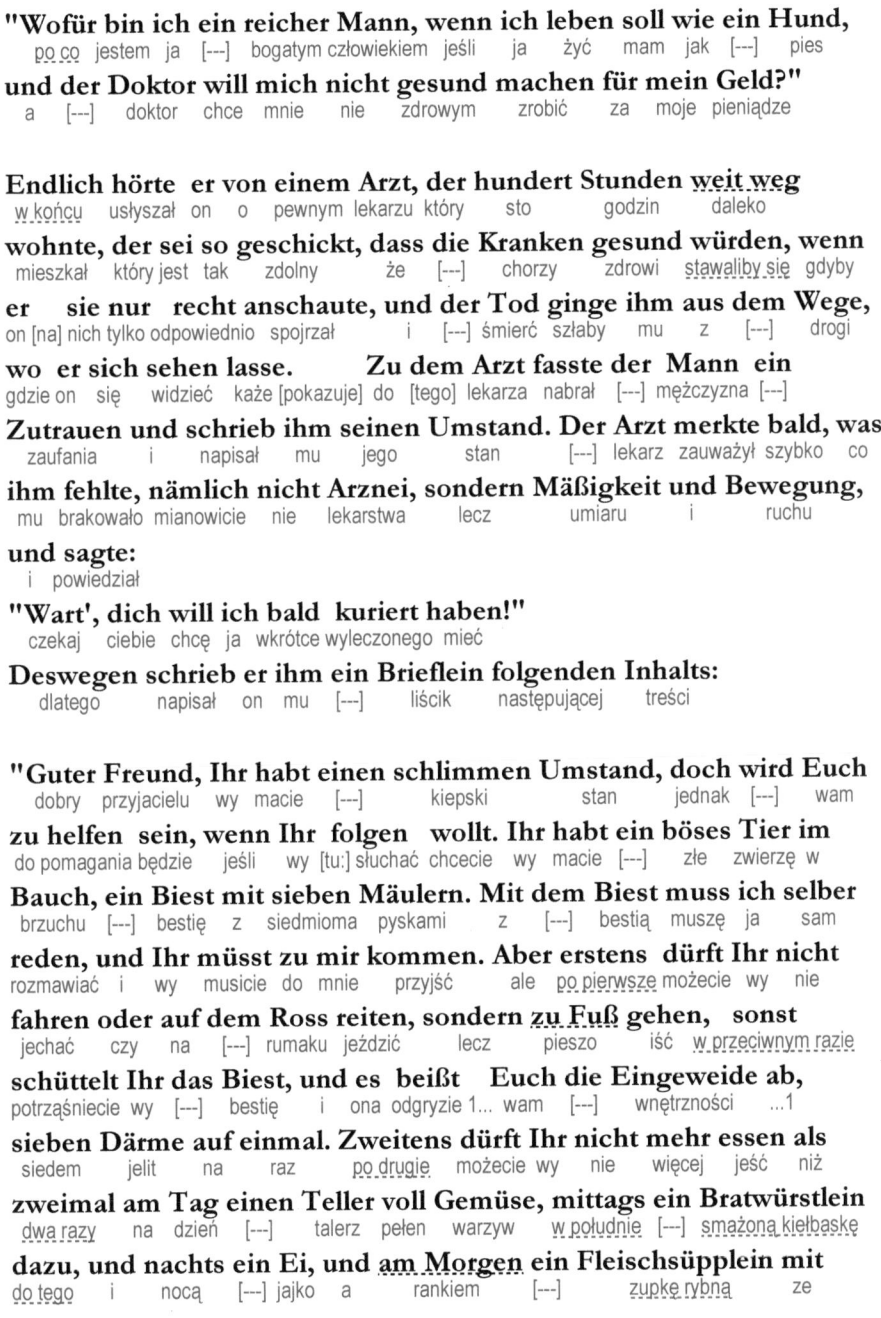

"Wofür bin ich ein reicher Mann, wenn ich leben soll wie ein Hund,
po co jestem ja [---] bogatym człowiekiem jeśli ja żyć mam jak [---] pies

und der Doktor will mich nicht gesund machen für mein Geld?"
a [---] doktor chce mnie nie zdrowym zrobić za moje pieniądze

Endlich hörte er von einem Arzt, der hundert Stunden weit weg
w końcu usłyszał on o pewnym lekarzu który sto godzin daleko

wohnte, der sei so geschickt, dass die Kranken gesund würden, wenn
mieszkał który jest tak zdolny że [---] chorzy zdrowi stawaliby się gdyby

er sie nur recht anschaute, und der Tod ginge ihm aus dem Wege,
on [na] nich tylko odpowiednio spojrzał i [---] śmierć szłaby mu z [---] drogi

wo er sich sehen lasse. Zu dem Arzt fasste der Mann ein
gdzie on się widzieć każe [pokazuje] do [tego] lekarza nabrał [---] mężczyzna [---]

Zutrauen und schrieb ihm seinen Umstand. Der Arzt merkte bald, was
zaufania i napisał mu jego stan [---] lekarz zauważył szybko co

ihm fehlte, nämlich nicht Arznei, sondern Mäßigkeit und Bewegung,
mu brakowało mianowicie nie lekarstwa lecz umiaru i ruchu

und sagte:
i powiedział

"Wart', dich will ich bald kuriert haben!"
czekaj ciebie chcę ja wkrótce wyleczonego mieć

Deswegen schrieb er ihm ein Brieflein folgenden Inhalts:
dlatego napisał on mu [---] liścik następującej treści

"Guter Freund, Ihr habt einen schlimmen Umstand, doch wird Euch
dobry przyjacielu wy macie [---] kiepski stan jednak [---] wam

zu helfen sein, wenn Ihr folgen wollt. Ihr habt ein böses Tier im
do pomagania będzie jeśli wy [tu:] słuchać chcecie wy macie [---] złe zwierzę w

Bauch, ein Biest mit sieben Mäulern. Mit dem Biest muss ich selber
brzuchu [---] bestię z siedmioma pyskami z [---] bestią muszę ja sam

reden, und Ihr müsst zu mir kommen. Aber erstens dürft Ihr nicht
rozmawiać i wy musicie do mnie przyjść ale po pierwsze możecie wy nie

fahren oder auf dem Ross reiten, sondern zu Fuß gehen, sonst
jechać czy na [---] rumaku jeździć lecz pieszo iść w przeciwnym razie

schüttelt Ihr das Biest, und es beißt Euch die Eingeweide ab,
potrząśniecie wy [---] bestię i ona odgryzie 1... wam [---] wnętrzności ...1

sieben Därme auf einmal. Zweitens dürft Ihr nicht mehr essen als
siedem jelit na raz po drugie możecie wy nie więcej jeść niż

zweimal am Tag einen Teller voll Gemüse, mittags ein Bratwürstlein
dwa razy na dzień [---] talerz pełen warzyw w południe [---] smażoną kiełbaskę

dazu, und nachts ein Ei, und am Morgen ein Fleischsüpplein mit
do tego i nocą [---] jajko a rankiem [---] zupkę rybną ze

Schnittlauch drauf. Was Ihr mehr esst, davon wird nur das Biest
szczypiorkiem na niej co wy więcej zjecie z tego stanie się tylko [---] bestia

größer, so dass es Euch die Leber zerdrückt, und der Schneider hat
większa tak że ona wam [---] wątrobę rozgniecie i [---] krawiec ma

Euch nicht mehr viel anzumessen, wohl aber der Schreiner. Dies ist
wam już nie wiele do mierzenia chyba ale [---] stolarz to jest

mein Rat, und wenn Ihr mir nicht folgt, so hört Ihr im nächsten
moja rada i jeśli wy mnie nie posłuchacie to usłyszycie wy (w) następnej

Frühjahr den Kuckuck nicht mehr schreien. Tut, was Ihr wollt!"
wiosny [---] kukułki już nie krzyczenia róbcie co wy chcecie

Als der Patient so mit sich reden hörte, ließ er sich sogleich am
kiedy [---] pacjent tak z sobą mówienia słuchał kazał on sobie zaraz na

anderen Morgen die Stiefel einfetten und machte sich auf den Weg,
drugi ranek [---] kozaki natłuścić i zrobił się na [---] drogę

wie ihm der Doktor befohlen hatte.
jak mu [---] doktor nakazał [---]
sich auf den Weg machen = udać się w drogę

Den ersten Tag ging es so langsam, dass eine Schnecke hätte
[---] pierwszego dnia szło to tak powoli że [---] ślimak [---]

mitgehen können, und wer ihn grüßte, dem dankte er nicht, und wo
iść razem mógłby i kto go pozdrowił temu dziękował on nie i gdzie

ein Würmlein auf der Erde kroch, das zertrat er. Aber schon am
[---] robaczek na [---] ziemi pełzał go rozdeptał on ale już na

zweiten und am dritten Morgen kam   es ihm vor, als wenn die
drugi i na trzeci ranek wydało się 1... [---] mu ...1 jakby [---]

Vögel schon lange nicht mehr so lieblich gesungen hätten, und der
ptaki już dawno już nie tak uroczo śpiewały(by) [---] i [---]

Tau schien ihm so frisch und die Rosen im Feld so rot, und alle
rosa wydała się mu tak świeża i [---] róże w polu tak czerwone i wszyscy

Leute, die ihm begegneten, sahen so freundlich aus, und er auch.
ludzie którzy go spotykali wyglądali 2... tak przyjaźnie ...2 i on też

Und alle Morgen, wenn er aus der Herberge ging, war's schöner, und
a co ranek kiedy on ze [---] schroniska szedł było [---] piękniej i

er ging leichter und munterer dahin, und als er am achtzehnten Tage
on szedł lżej i żwawiej tam i kiedy on w osiemnastym dniu

in der Stadt des Arztes ankam und den anderen Morgen aufstand, war
w [---] mieście [---] lekarza przybył i [---] następnego ranka wstał było

es ihm so wohl, dass er sagte:
[---] mu tak dobrze że on powiedział

"Ich hätte zu keiner ungünstigeren Zeit gesund werden können als
ja [---] w żadnym niekorzystniejszym czasie zdrowy stać się mógłbym · niż

jetzt, wo ich zum Doktor soll. Wenn's mir doch nur ein wenig in den
teraz gdzie ja do doktora powinienem gdyby [---] mi chociaż tylko trochę w [---]

Ohren brausen würde!"
uszach szumiało(by) [---]

Als er zum Doktor kam, nahm ihn der Doktor bei der Hand und sagte
kiedy on do doktora przyszedł wziął go [---] doktor za rękę i powiedział

ihm: "jetzt erzählt mir doch noch einmal von Anfang an, was Euch
mu teraz opowiedzcie mi jednak jeszcze raz od początku czego wam

fehlt."
brakuje

Was fehlt Ihnen? = Co Panu/Pani dolega?

Da sagte er: "Herr Doktor, mir fehlt gottlob nichts, und wenn Ihr so
wtedy powiedział on panie doktorze mi brakuje Bogu dzięki nic i jeśli wy tak

gesund seid wie ich, so soll's mich freuen." Der Doktor sagte:
zdrowi jesteście jak ja to powinno to mnie cieszyć [---] doktor powiedział

"Das hat Euch ein guter Geist geraten, dass Ihr meinen Rat
to [---] wam [---] dobry duch doradził że wy mojej rady

befolgt habt. Das Biest ist jetzt leblos. Aber Ihr habt noch Eier im
posłuchaliście [---] [---] bestia jest teraz martwa ale wy macie jeszcze jajka w

Leib, deswegen müsst Ihr wieder zu Fuß heimgehen und daheim
ciele dlatego musicie wy znów pieszo iść do domu a w domu

fleißig Holz sägen und nicht mehr essen,   als   Euch der Hunger
pilnie drewno ciąć piłą i już nie jeść [tu:] dopóki was [---] głód

ermahnt, damit die Eier nicht ausschlüpfen; so könnt Ihr ein alter
upomni żeby [---] jajka nie wykluły się tak możecie wy [---] starym

Mann werden"; und lächelte dazu. Der reiche Fremdling sagte:
człowiekiem zostać i uśmiechnął się do tego [---] bogaty cudzoziemiec powiedział

"Herr Doktor, Ihr seid ein guter Freund, und ich versteh Euch wohl",
panie doktorze wy jesteście [---] dobrym przyjacielem i ja rozumiem was dobrze

und hat nachher den Rat befolgt und 87 Jahre, vier Monate, zehn Tage
i [---] potem [---] rady posłuchał i 87 lat cztery miesiące dziesięć dni

gelebt, wie ein Fisch im Wasser, so gesund, und hat alle Neujahrstage
żył jak [---] ryba w wodzie tak zdrowo i [---] każdego Nowego Roku

dem Arzt 20 Dublonen zum Gruß geschickt.
[---] lekarzowi 20 dublonów na pozdrowienie wysyłał

13

Der große Schwimmer
[---] wielki pływak

Vor dem leidigen Krieg, als man noch unangefochten aus Frankreich
przed [---] bolesną wojną kiedy [---] jeszcze bez przeszkód z Francji

nach England reisen und in Dover ein Schöpplein trinken oder Zeug
do Anglii podróżować i w Dover [---] ćwiarteczkę pić lub materiał

kaufen konnte, ging wöchentlich zweimal ein großes Postschiff von
kupić można było podążał tygodniowo dwa razy [---] wielki statek pocztowy z

Calais nach Dover durch die Meerenge und wieder zurück.
Calais do Dover przez [---] cieśninę morską i znów z powrotem

Denn dort ist das Meer zwischen beiden Ländern nur wenige Meilen
ponieważ tam jest [---] morze między obydwoma krajami tylko kilka mil

breit. Aber man musste kommen, ehe das Schiff abfuhr, wenn man
szerokie ale trzeba było przyjść zanim [---] statek [tu:] odpływał jeśli [---]

mitfahren wollte. Dies schien ein Franzose aus Gaskonien nicht
zabrać się chciało tego wydawał się [---] Francuz z Gaskonii nie

zu wissen, denn er kam eine Viertelstunde zu spät, als man schon
[---] wiedzieć bo on przyszedł [---] kwadrans za późno kiedy [---] już

die Hühner einließ in Calais, und der Himmel überzog sich mit
[---] kury wpuszczano w Calais i [---] niebo pokrywało się (z)

Wolken.
chmurami

Soll ich jetzt ein paar Tage hier sitzen bleiben und mich langweilen,
mam ja teraz kilka dni tu dalej siedzieć i się nudzić

bis wieder eine Gelegenheit kommt? Nein, dachte er, ich gebe
aż znowu jakaś okazja przyjdzie nie, pomyślał on ja dam

einem Schiffsmann ein Geldstück und fahre dem Postschiff nach.
[---] kapitanowi jakąś monetę i pojadę za 1... [----] statkiem pocztowym ...1

Denn ein kleines Boot fährt schneller als das schwere Postschiff und
ponieważ [---] mała łódka jedzie szybciej niż [---] ciężki statek pocztowy i

holt es wohl ein.
dogoni 2... go pewnie ...2

Als er aber in dem offenen Boot saß – ("wenn ich daran gedacht
kiedy on jednak w [---] otwartej łodzi siedział gdybym ja o tym pomyślał(bym)

hätte", sagte der Schiffsmann, "so hätte ich ein Regenschirm
[---] powiedział [---] kapitan to [---] ja [---] parasol

mitgenommen") – da fing es an zu tröpfeln; In kurzer Zeit
zabrałbym wtedy zaczęło 3... [---] ...3 [---] kropić w krótkim czasie

strömte ein Regenguss herab, als wenn noch ein Meer von
spływała strumieniami 4... [---] ulewa ...4 jakby jeszcze [---] morze z

oben mit dem Meer von unten sich vereinigen wollte.
góry z [---] morzem z dołu się zjednoczyć chciało

14

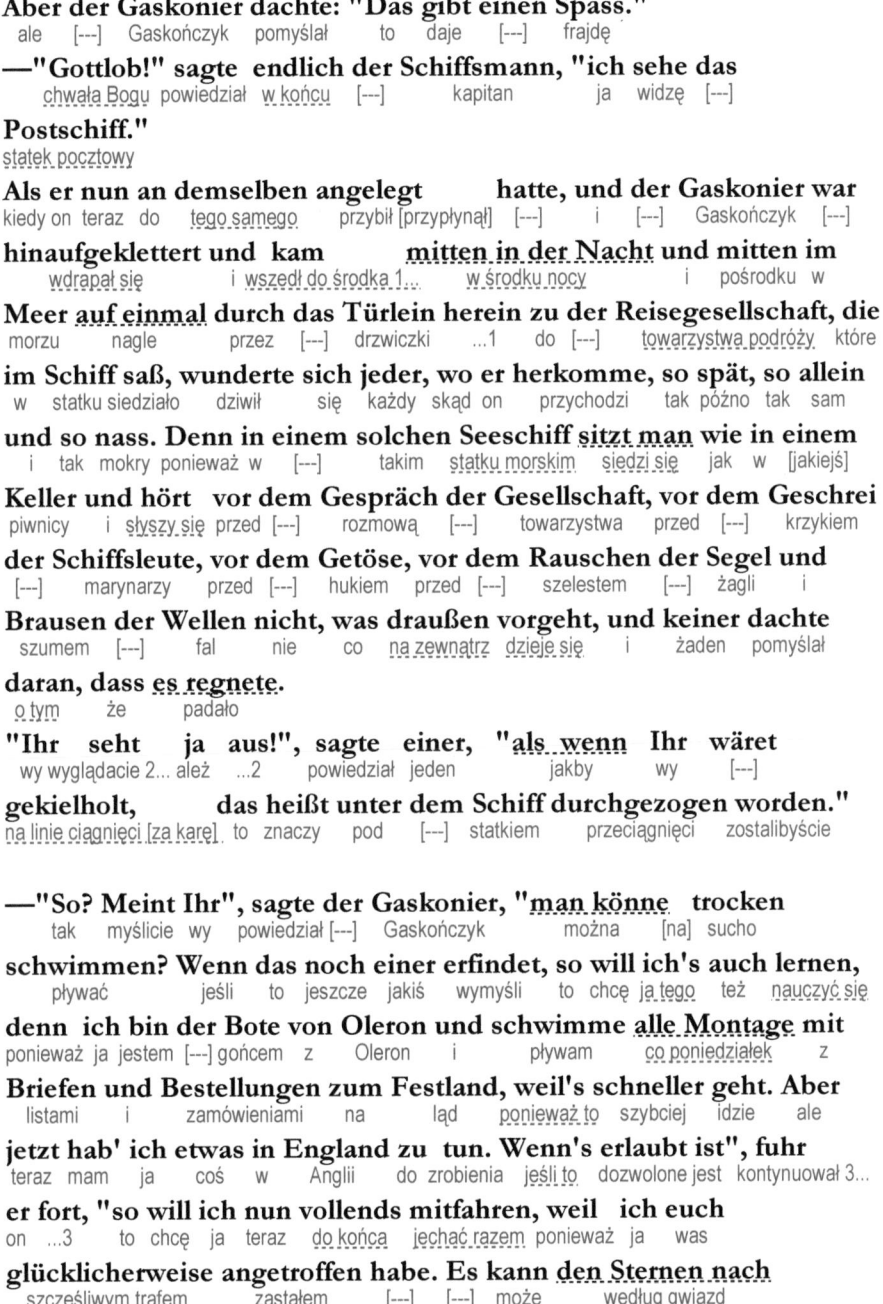

Aber der Gaskonier dachte: "Das gibt einen Spass."
ale [---] Gaskończyk pomyślał to daje [---] frajdę

—"Gottlob!" sagte endlich der Schiffsmann, "ich sehe das
chwała Bogu powiedział w końcu [---] kapitan ja widzę [---]

Postschiff."
statek pocztowy

Als er nun an demselben angelegt hatte, und der Gaskonier war
kiedy on teraz do tego samego przybił [przypłynął] [---] i [---] Gaskończyk [---]

hinaufgeklettert und kam mitten in der Nacht und mitten im
wdrapał się i wszedł do środka 1... w środku nocy i pośrodku w

Meer auf einmal durch das Türlein herein zu der Reisegesellschaft, die
morzu nagle przez [---] drzwiczki ...1 do [---] towarzystwa podróży które

im Schiff saß, wunderte sich jeder, wo er herkomme, so spät, so allein
w statku siedziało dziwił się każdy skąd on przychodzi tak późno tak sam

und so nass. Denn in einem solchen Seeschiff sitzt man wie in einem
i tak mokry ponieważ w [---] takim statku morskim siedzi się jak w [jakiejś]

Keller und hört vor dem Gespräch der Gesellschaft, vor dem Geschrei
piwnicy i słyszy się przed [---] rozmową [---] towarzystwa przed [---] krzykiem

der Schiffsleute, vor dem Getöse, vor dem Rauschen der Segel und
[---] marynarzy przed [---] hukiem przed [---] szelestem [---] żagli i

Brausen der Wellen nicht, was draußen vorgeht, und keiner dachte
szumem [---] fal nie co na zewnątrz dzieje się i żaden pomyślał

daran, dass es regnete.
o tym że padało

"Ihr seht ja aus!", sagte einer, "als wenn Ihr wäret
wy wyglądacie 2... ależ ...2 powiedział jeden jakby wy [---]

gekielholt, das heißt unter dem Schiff durchgezogen worden."
na linie ciągnięci [za karę] to znaczy pod [---] statkiem przeciągnięci zostalibyście

—"So? Meint Ihr", sagte der Gaskonier, "man könne trocken
tak myślicie wy powiedział [---] Gaskończyk można [na] sucho

schwimmen? Wenn das noch einer erfindet, so will ich's auch lernen,
pływać jeśli to jeszcze jakiś wymyśli to chcę ja tego też nauczyć się

denn ich bin der Bote von Oleron und schwimme alle Montage mit
ponieważ ja jestem [---] gońcem z Oleron i pływam co poniedziałek z

Briefen und Bestellungen zum Festland, weil's schneller geht. Aber
listami i zamówieniami na ląd ponieważ to szybciej idzie ale

jetzt hab' ich etwas in England zu tun. Wenn's erlaubt ist", fuhr
teraz mam ja coś w Anglii do zrobienia jeśli to dozwolone jest kontynuował 3...

er fort, "so will ich nun vollends mitfahren, weil ich euch
on ...3 to chcę ja teraz do końca jechać razem ponieważ ja was

glücklicherweise angetroffen habe. Es kann den Sternen nach
szczęśliwym trafem zastałem [---] [---] może według gwiazd

nicht mehr weit sein bis Dover."
już nie   daleko być do Dover

—"Landsmann", sagte einer und stieß eine Wolke von Tabaksrauch
rodaku   powiedział jeden i pchnął [---] chmurę (z) dymu tytoniowego

aus dem Mund (es war aber kein Landsmann, sondern ein
z [---] ust to był ale żaden rodak lecz [---]

Engländer), "wenn Ihr von Calais bis hierher geschwommen seid
Anglik   jeśli wy od Calais aż dotąd płynęliście [---]

durch das Meer, so seid Ihr besser als der schwarze Schwimmer in
przez [---] morze to jesteście wy lepsi niż [---] czarny pływak w

London."
Londynie

—"Ich gehe keinem aus dem Weg", sagte der Gaskonier.
ja [tu:] ustępuję żadnemu z [---] drogi powiedział [---] Gaskończyk

— "Wollt Ihr's mit ihm versuchen", erwiderte der Engländer, "wenn
chcecie wy [---] z nim spróbować [swoich sił] odrzekł [---] Anglik jeśli

ich hundert Louisdor auf Euch setze?"
ja sto luidorów na was postawię

Der Gaskonier sagte: "Einverstanden!"
[---] Gaskończyk powiedział zgoda!

Reiche Engländer haben den Brauch, auf Leute, die sich in einer
bogaci Anglicy mają [---] zwyczaj na ludzi którzy się w [---]

körperlichen Kunst hervortun, große Summen untereinander zu
fizycznej sztuce odznaczają duże sumy między sobą [---]

verwetten; deswegen nahm der Engländer im Schiff den Gaskonier
zakładać dlatego wziął [---] Anglik na statku [---] Gaskończyka

auf seine Kosten mit sich nach London und bewirtete ihn gut, auf dass
na swój koszt ze sobą do Londynu i ugościł go dobrze ażeby

er bei guten Kräften bliebe.
on przy dobrych siłach pozostał(by)

"Mylord", sagte er in London zu einem guten Freund, "ich habe
Milordzie powiedział on w Londynie do [---] dobrego przyjaciela ja [---]

einen Schwimmer mitgebracht vom Meer. Gilt's hundert Guineen:
[---] pływaka sprowadziłem z morza obowiązuje sto gwinei [moneta]

er schwimmt besser als Euer Mohr?"
[o to, czy] on pływa lepiej niż wasz Murzyn

Der gute Freund sagte: "Es gilt!"
[---] dobry przyjaciel powiedział obowiązuje

Was gilt die Wette? = O co zakład? Die Wette gilt! = Zakład stoi! Das gilt nicht = To się nie liczy

Am nächsten Tag erschienen beide mit ihren Schwimmern auf einem
na drugi dzień pojawili się obaj z ich pływakami na [---]

bestimmten Platz an dem Themse-Fluss, und viele Hundert
określonym miejscu przy [---] rzece Tamizie a wiele setek

16

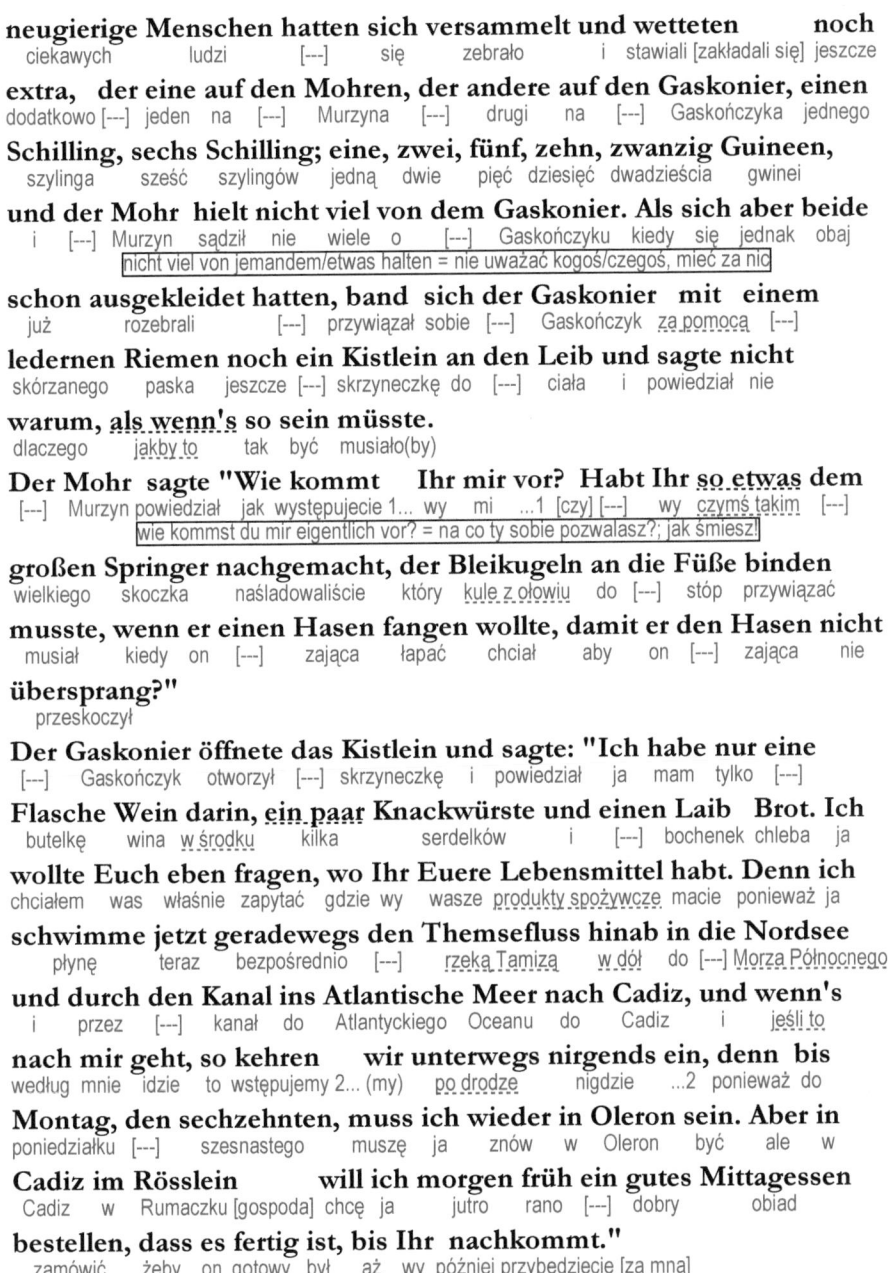

neugierige Menschen hatten sich versammelt und wetteten **noch**
ciekawych ludzi [---] się zebrało i stawiali [zakładali się] jeszcze

extra, der eine auf den Mohren, der andere auf den Gaskonier, einen
dodatkowo [---] jeden na [---] Murzyna [---] drugi na [---] Gaskończyka jednego

Schilling, sechs Schilling; eine, zwei, fünf, zehn, zwanzig Guineen,
szylinga sześć szylingów jedną dwie pięć dziesięć dwadzieścia gwinei

und der Mohr hielt nicht viel von dem Gaskonier. Als sich aber beide
i [---] Murzyn sądził nie wiele o [---] Gaskończyku kiedy się jednak obaj
nicht viel von jemandem/etwas halten = nie uważać kogoś/czegoś, mieć za nic

schon ausgekleidet hatten, band sich der Gaskonier mit einem
już rozebrali [---] przywiązał sobie [---] Gaskończyk za pomocą [---]

ledernen Riemen noch ein Kistlein an den Leib und sagte nicht
skórzanego paska jeszcze [---] skrzyneczkę do [---] ciała i powiedział nie

warum, als wenn's so sein müsste.
dlaczego jakby to tak być musiało(by)

Der Mohr sagte "Wie kommt Ihr mir vor? Habt Ihr so etwas dem
[---] Murzyn powiedział jak występujecie 1... wy mi ...1 [czy] [---] wy czymś takim [---]
wie kommst du mir eigentlich vor? = na co ty sobie pozwalasz?; jak śmiesz!

großen Springer nachgemacht, der Bleikugeln an die Füße binden
wielkiego skoczka naśladowaliście który kule z ołowiu do [---] stóp przywiązać

musste, wenn er einen Hasen fangen wollte, damit er den Hasen nicht
musiał kiedy on [---] zająca łapać chciał aby on [---] zająca nie

übersprang?"
przeskoczył

Der Gaskonier öffnete das Kistlein und sagte: "Ich habe nur eine
[---] Gaskończyk otworzył [---] skrzyneczkę i powiedział ja mam tylko [---]

Flasche Wein darin, ein paar Knackwürste und einen Laib Brot. Ich
butelkę wina w środku kilka serdelków i [---] bochenek chleba ja

wollte Euch eben fragen, wo Ihr Euere Lebensmittel habt. Denn ich
chciałem was właśnie zapytać gdzie wy wasze produkty spożywcze macie ponieważ ja

schwimme jetzt geradewegs den Themsefluss hinab in die Nordsee
płynę teraz bezpośrednio [---] rzeką Tamiza w dół do [---] Morza Północnego

und durch den Kanal ins Atlantische Meer nach Cadiz, und wenn's
i przez [---] kanał do Atlantyckiego Oceanu do Cadiz i jeśli to

nach mir geht, so kehren wir unterwegs nirgends ein, denn bis
według mnie idzie to wstępujemy 2... (my) po drodze nigdzie ...2 ponieważ do

Montag, den sechzehnten, muss ich wieder in Oleron sein. Aber in
poniedziałku [---] szesnastego muszę ja znów w Oleron być ale w

Cadiz im Rösslein will ich morgen früh ein gutes Mittagessen
Cadiz w Rumaczku [gospoda] chcę ja jutro rano [---] dobry obiad

bestellen, dass es fertig ist, bis Ihr nachkommt."
zamówić żeby on gotowy był aż wy później przybędziecie [za mną]

Der aufgeschlossene Leser hätte kaum gedacht, dass er sich auf diese
[---]　　　otwarty　　czytelnik　[---]　ledwie　pomyślałby　że　on　się　w　taki

Art aus der Affäre herausziehen würde. Aber der Mohr verlor
sposób z　[---]　afery　wyciągnął(by)　　[---]　ale　[---] Murzyn　stracił
　　　　　　　sich aus der Affäre ziehen = wybrnąć z opresji

Hören und Sehen.
słuchanie　i　widzenie
　　　Hören und Sehen verlieren = zapomnieć, jak się nazywać; być zbitym z tropu

"Mit diesem Enterich", sagte er zu seinem Herrn, "kann ich nicht
　z　　tym　　kaczorem　powiedział on do　swojego　　pana　　mogę ja　nie

um die Wette schwimmen. Tut, was ihr wollt", und kleidete sich
　o　[---]　zakład　pływać　　róbcie　co　(wy) chcecie　　i　ubrał 1... się

wieder an.
znowu　...1

Also war die Wette zu Ende, und der Gaskonier bekam von
więc　był　[---]　zakład zakończony　a　[---]　Gaskończyk　otrzymał　od

seinem Engländer, der ihn mitgebracht hatte, eine ansehnliche
swojego　Anglika　który go　sprowadził　[---]　[---]　pokaźną

Belohnung, der Mohr aber wurde von jedermann ausgelacht. Denn
　nagrodę　[---]　Murzyn jednak　został　przez　każdego　wyśmiany　　bo

obwohl man wohl merken musste, dass der Franzose nur auf die
chociaż　[---]　pewno　zauważyć musiało się　że　[---]　Francuz　tylko　na　[---]

Pauke gehauen hatte, so fand doch jedermann Vergnügen an dem
bębnie　uderzał　[---]　to znalazł jednak　　każdy　przyjemność　w　tym
　　　　　　　auf die Pauke hauen = popisywać się

kecken Einfall und an dem unerwarteten Ausgang, und er wurde
śmiałym　pomyśle　i　w　tym　nieoczekiwanym　zakończeniu　i　on　stał się

nachher von allen, die auf ihn gewettet hatten, noch vier Wochen
później　przez wszystkich którzy na　niego　postawili　[---]　jeszcze cztery　tygodnie

lang in allen Wirtshäusern und Bierkneipen verehrt. Und er bekannte,
długo　we wszystkich　gospodach　i　knajpach　uwielbiany　a　on　przyznał

dass er noch nie in seinem Leben im Wasser gewesen war.
że　on jeszcze nigdy w swoim [jego] życiu　w　wodzie [nie]　był　[---]

Der Heiner und der Brassenheimer Müller
[---]　Heiner　i　[---]　z Brassenheim　młynarz

Eines Tages saß der Zundelheiner ganz betrübt in einem Wirtshaus
pewnego　dnia　siedział [---]　Heiner [imię męskie] całkiem zmartwiony w　[---]　　gospodzie

und dachte daran, wie ihn zuerst der rote Dieter und
i　myślał　o tym　jak　go　najpierw　[---] [tu:] rudowłosy Dieter [imię męskie]　a

danach sein eigener Bruder verlassen haben, und wie er jetzt allein ist.
potem　jego　własny　brat　opuścili　[---]　i　jak on teraz samotny jest

18

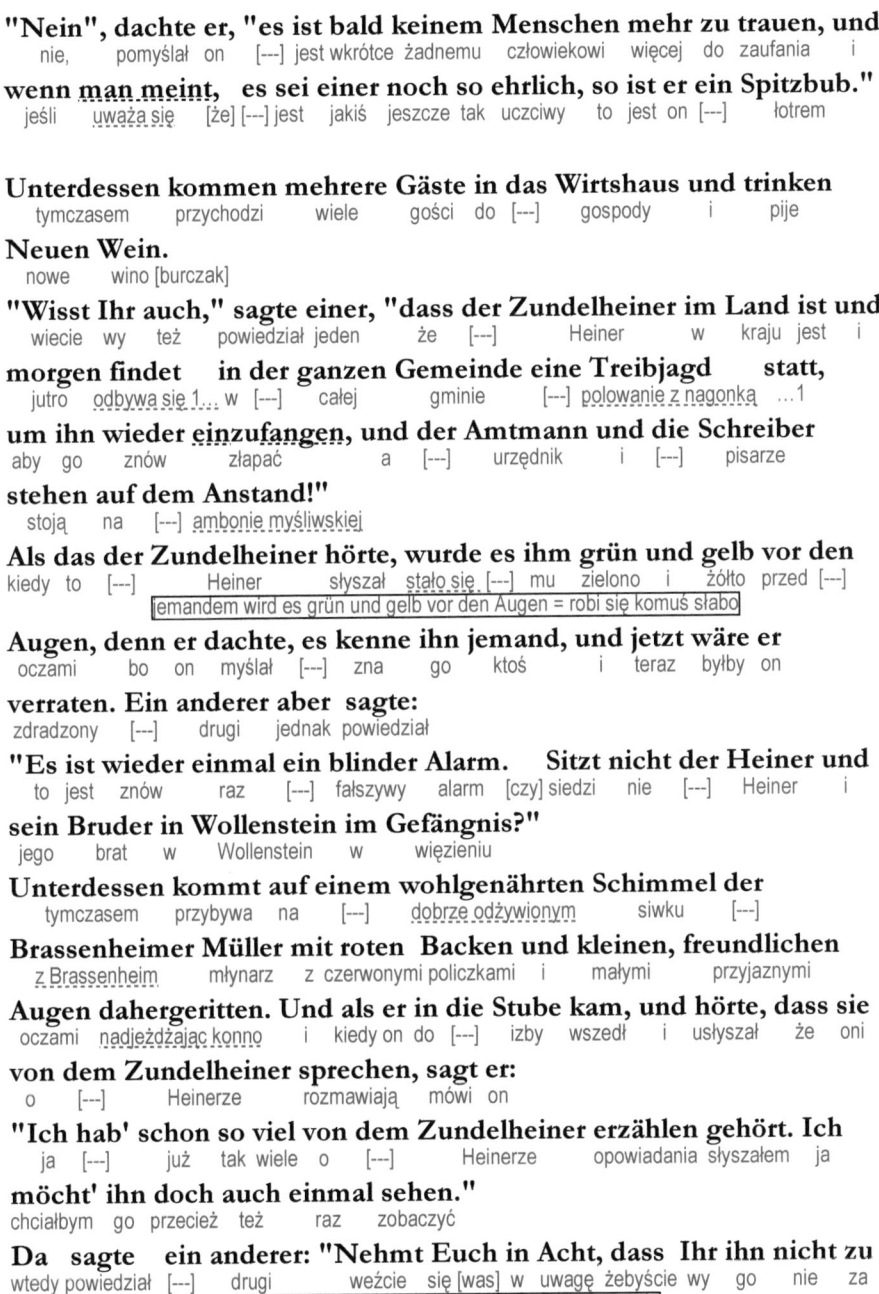

"Nein", dachte er, "es ist bald keinem Menschen mehr zu trauen, und
nie, pomyślał on [---] jest wkrótce żadnemu człowiekowi więcej do zaufania i

wenn man meint, es sei einer noch so ehrlich, so ist er ein Spitzbub."
jeśli uważa się [że] [---] jest jakiś jeszcze tak uczciwy to jest on [---] łotrem

Unterdessen kommen mehrere Gäste in das Wirtshaus und trinken
tymczasem przychodzi wiele gości do [---] gospody i pije

Neuen Wein.
nowe wino [burczak]

"Wisst Ihr auch," sagte einer, "dass der Zundelheiner im Land ist und
wiecie wy też powiedział jeden że [---] Heiner w kraju jest i

morgen findet in der ganzen Gemeinde eine Treibjagd statt,
jutro odbywa się 1... w [---] całej gminie [---] polowanie z nagonką ...1

um ihn wieder einzufangen, und der Amtmann und die Schreiber
aby go znów złapać a [---] urzędnik i [---] pisarze

stehen auf dem Anstand!"
stoją na [---] ambonie myśliwskiej

Als das der Zundelheiner hörte, wurde es ihm grün und gelb vor den
kiedy to [---] Heiner słyszał stało się [---] mu zielono i żółto przed [---]

jemandem wird es grün und gelb vor den Augen = robi się komuś słabo

Augen, denn er dachte, es kenne ihn jemand, und jetzt wäre er
oczami bo on myślał [---] zna go ktoś i teraz byłby on

verraten. Ein anderer aber sagte:
zdradzony [---] drugi jednak powiedział

"Es ist wieder einmal ein blinder Alarm. Sitzt nicht der Heiner und
to jest znów raz [---] fałszywy alarm [czy] siedzi nie [---] Heiner i

sein Bruder in Wollenstein im Gefängnis?"
jego brat w Wollenstein w więzieniu

Unterdessen kommt auf einem wohlgenährten Schimmel der
tymczasem przybywa na [---] dobrze odżywionym siwku [---]

Brassenheimer Müller mit roten Backen und kleinen, freundlichen
z Brassenheim młynarz z czerwonymi policzkami i małymi przyjaznymi

Augen dahergeritten. Und als er in die Stube kam, und hörte, dass sie
oczami nadjeżdżając konno i kiedy on do [---] izby wszedł i usłyszał że oni

von dem Zundelheiner sprechen, sagt er:
o [---] Heinerze rozmawiają mówi on

"Ich hab' schon so viel von dem Zundelheiner erzählen gehört. Ich
ja [---] już tak wiele o [---] Heinerze opowiadania słyszałem ja

möcht' ihn doch auch einmal sehen."
chciałbym go przecież też raz zobaczyć

Da sagte ein anderer: "Nehmt Euch in Acht, dass Ihr ihn nicht zu
wtedy powiedział [---] drugi weźcie się [was] w uwagę żebyście wy go nie za

sich in Acht nehmen = uważać na siebie; strzec się

früh zu sehen bekommt! Es geht die Rede um, er sei wieder
wcześnie do zobaczenia otrzymali [---] krąży 1... [---] pogłoska ...1 on jest znów

im Land."
w kraju

Aber der Müller sagte: "Pah! Ich komm' noch bei guter Tageszeit
ale [---] młynarz powiedział e! ja przyjdę jeszcze o dobrej porze dnia

durch den Fridstädter Wald, dann bin ich auf der Landstrasse; und
przez [---] las miasta Fridstadt potem jestem ja na [---] drodze lokalnej i

wenn ich mich verspäte, geb' ich dem Schimmel die Sporen."
jeśli ja się spóźnię dam ja [---] siwkowi [---] ostrogi
jemandem die Sporen geben = pogonić kogoś

Als das der Zundelheiner hörte, fragte er die Wirtin: "Was bin ich
kiedy to [---] Heiner słyszał zapytał on [---] gospodynię co [ile] jestem ja

schuldig?", und geht fort in den Fridstädter Wald. Unterwegs
winny i odchodzi do [---] lasu miasta Fridstadt po drodze

begegnet ihm ein lahmer Mensch.
spotyka go [---] kulawy człowiek

"Gebt mir für einen Batzen Eure Krücke", sagte er zu dem lahmen
dajcie mi za jednego grosza waszą kulę powiedział on do [---] kulawego

Bettler. "Ich habe mir den linken Fuß verstaucht, dass ich laut
żebraka ja [---] sobie [---] lewą stopę zwichnąłem że ja głośno

schreien möchte, wenn ich drauf treten muss. Im nächsten Dorf
krzyczeć chciałbym kiedy ja na nią stąpać muszę w następnej wsi

macht Euch der Wagner eine neue."
zrobi wam [---] kołodziej [---] nową

Also gab ihm der Bettler die Krücke. Bald darauf gehen zwei
więc dał mu [---] żebrak [---] kulę wkrótce potem przechodzą 2... dwaj

betrunkene Soldaten an ihm vorbei und singen das Reiterlied. Wie er
pijani żołnierze obok niego ...2 i śpiewają [---] piosenkę jeźdźca jak on

in den Fridstädter Wald kommt, hängt er die Krücke an einen hohen
do [---] lasu miasta Fridstadt przyjdzie powiesi on [---] kulę na [---] wysokiej

Ast, setzt sich ungefähr sechs Schritte davon weg an die Strasse
gałęzi siądzie około sześć kroków od tego daleko przy [---] drodze

und zieht das linke Bein zusammen, als wenn er lahm wäre. Kurz
i ściągnie 3... [---] lewą nogę ...3 jakby on kaleki był(by) krótko

darauf kommt auf stattlichem Schimmel der Müller daher und macht
potem przybywa na okazałym siwku [---] młynarz stamtąd i robi

ein Gesicht, als wenn er sagen wollte:
[---] minę jakby on powiedzieć chciał

"Bin ich nicht der reiche Müller, und bin ich nicht der schöne Müller,
jestem ja nie [---] bogaty młynarz i jestem ja nie [---] piękny młynarz

und bin ich nicht der witzige Müller?"
i jestem ja nie [---] dowcipny młynarz

20

Als aber der witzige Müller zu dem Zundelheiner kam, sagte
kiedy jednak [---] dowcipny młynarz do [---] Heinera przyszedł powiedział

der Heiner mit kläglicher Stimme:
[---] Heiner (z) żałosnym głosem

"Wolltet Ihr nicht ein Werk der Barmherzigkeit tun an einem armen,
chcecie wy nie [---] uczynek [---] miłosierdzia zrobić przy [---] biednym

lahmen Mann? Zwei betrunkene Soldaten, sie werden Euch wohl
kulawym człowieku dwaj pijani żołnierze oni [---] wam pewnie

begegnet sein, haben mir all mein Almosengeld abgenommen und
spotkani będą [---] mi całą moją jałmużnę odebrali i

haben mir aus Bosheit, dass es so wenig war, die Krücke auf jenen
[---] mi ze złośliwości że to tak mało było [---] kulę na tamto

Baum geschleudert, und ist an den Ästen hängen geblieben, dass ich
drzewo rzucili i [---] na [---] gałęziach wisząc pozostała że ja

nun nicht mehr weiter kann. Wolltet Ihr nicht so gut sein und sie
teraz już nie dalej mogę chcecie wy nie tak dobrzy być i ją

mit Eurer Peitsche herunter streifen?" Der Müller sagte:
za pomocą waszego bicza na dół ściągnąć [---] młynarz powiedział

"Ja, sie sind mir begegnet an der Waldspitze. Sie haben gesungen:
tak, oni [---] mnie spotkali na [---] końcu lasu oni [---] śpiewali

So herzig, wie meine Liesel ist halt nichts auf der Welt!"
tak miła jak moja Liesel [imię żeńskie] jest po prostu nic na [---] świecie

Weil aber der Müller auf einem schmalen Steg über einen Graben zu
ponieważ ale [---] młynarz po [---] wąskiej kładce przez [---] rów do

dem Baum musste, so stieg er von dem Ross ab, um dem armen
[---] drzewa musiał to zszedł 1... on z [---] rumaka ...1 aby 2... [---] biednemu

Teufel die Krücke herunter zu holen. Als er aber an dem
diabłowi [biedakowi] [---] kulę na dół ...2 sprowadzić kiedy on ale przy [---]

Baum war, und schaut hinauf, schwingt sich der Heiner schnell wie
drzewie był i patrzy do góry wznosi się [---] Heiner szybko jak

ein Adler auf den stattlichen Schimmel, gibt ihm mit dem Absatz die
[---] orzeł na [---] okazałego siwka daje mu za pomocą [---] obcasa [---]

Sporen und reitet davon.
ostrogi i jedzie konno stąd

"Lasst Euch das Gehen nicht verdrießen," rief er dem
pozwólcie sobie [wam] [---] chodzenie nie zirytować zawołał [w odpowiedzi] 3...on [---]
sich (Dativ) etwas (Akk.) nicht verdrießen lassen = nie dać się do czegoś zniechęcić

Müller zurück, "und wenn Ihr heimkommt, so richtet Eurer Frau
młynarzowi ...3 a kiedy wy do domu wrócicie to przekażcie 4... waszej żonie

einen Gruß aus von dem Zundelheiner!"
[---] pozdrowienie ...4 od [---] Heinera

So etwas muss man selber sehen, wenn man's glauben soll!
takie coś   trzeba   samemu widzieć jeśli [---] temu wierzyć ma się

Als er aber eine Viertelstunde nach Betzeit nach Brassenheim und an
kiedy on jednak [---]   kwadrans   po porze snu do   Brassenheim i do

die Mühle kam und alle Räder klapperten, so dass ihn niemand hörte,
[---] . młyna przybył i wszystkie koła   terkotały tak że go   nikt [nie] słyszał

stieg er vor der Mühle ab, band den Schimmel an der Haustüre
zszedł 1... on przed [---] młynem ...1 przywiązał 2... [---] siwka   do [---] drzwi wejściowych

an und setzte seinen Weg zu Fuß fort.
...2 i kontynuował 3... swoją [jego] drogę pieszo ...3

Der listige Quäker
[---] podstępny kwakier

Die Quäker sind eine Sekte, zum Beispiel in England, fromme,
[---] kwakrzy są [---] sektą na przykład w Anglii pobożni

friedliche und verständige Leute, und dürfen vieles nicht tun nach
pokojowi i   mądrzy ludzie i mają pozwolenie wiele nie czynić według

ihren Gesetzen: Nicht schwören, nicht das Gewehr tragen, vor
ich zasad   nie przysięgać nie [---] broni nosić przed

niemandem den Hut abziehen, aber reiten dürfen sie, wenn sie
nikim   [---] kapelusz ściągać ale jeździć konno mogą oni jeśli oni

Pferde haben.
konie mają

Als einer von ihnen einmal abends auf einem schönen, stattlichen
kiedy jeden z nich pewnego razu wieczorem na   [---] pięknym okazałym

Pferd nach Hause in die Stadt reiten wollte, wartet auf ihn ein Räuber
koniu do domu do [---] miasta jechać konno chciał czeka na niego [---] rozbójnik

mit schwarzem Gesicht, ebenfalls auf einem Ross, dem man alle
z czarną   twarzą   też na [---] rumaku któremu [---] wszystkie

Rippen unter der Haut, alle Knochen, alle Gelenke zählen konnte, nur
żebra pod [---] skórą wszystkie kości wszystkie stawy policzyć można było tylko

nicht die Zähne, denn sie waren alle ausgebissen, nicht vom Hafer,
nie [---] zęby ponieważ one były wszystkie wyłamane nie od owsa

sondern vom Stroh.
lecz od słomy

"Kind Gottes", sagte der Räuber, "ich möchte meinem armen Tier
dziecko Boga powiedział [---] rozbójnik ja chciałbym mojemu biednemu zwierzęciu

da, das sich noch dunkel an den Auszug der Kinder Israels aus
oto które sobie jeszcze ciemno [przez mgłę] o [---] wyjściu [---] dzieci Izraela z

Ägypten erinnern kann, wohl auch ein so gutes Futter gönnen, wie
Egiptu przypomnieć może chyba też [---] tak dobrego pokarmu nie żałować jak

das   Eure offenbar genossen hat. Wenn's Euch recht ist, so wollen
[zwierzę] wasze widocznie spożywało [---] jeśli to wam słuszne jest to chcemy
mir ist es recht = mi to odpowiada

wir tauschen. Ihr   habt doch keine geladene Pistole bei Euch, aber
(my) zamienić się wy [nie] macie przecież żadnego naładowanego pistoletu przy sobie ale

ich."
ja [mam]

Der Quäker dachte bei sich selbst: "Was ist zu tun? Wenn alle
[---] kwakier pomyślał w sobie samym co jest do uczynienia jeśli wszystkie

Stricke reißen, so hab' ich zu Hause noch ein zweites Pferd, aber kein
postronki zerwą się to mam ja w domu jeszcze [---] drugiego konia ale żadnego

zweites Leben."
drugiego życia
wenn alle Stricke reißen = jeśli wszystko zawiedzie

Also tauschten sie miteinander, und der Räuber ritt   auf dem Ross
więc wymienili się oni ze sobą i [---] rozbójnik pojechał konno na [---] rumaku

des Quäkers nach Hause, aber der Quäker führte das arme Tier des
[---] kwakra do domu ale [---] kwakier prowadził [---] biedne zwierzę [---]

Räubers am Zaum. Als er aber zur Stadt und an die ersten Häuser
zbójnika za uzdę kiedy on jednak do miasta i do [---] pierwszych domów

kam, legte er ihm den Zaum auf den Rücken und sagte:
dotarł położył on mu [---] uzdę na [---] grzbiecie i powiedział

"Geh' voraus, Lazarus; du wirst den Stall deines Herrn besser finden
idź naprzód Łazarzu ty będziesz [---] stajnię twojego pana lepiej znajdować

als ich."
niż ja

Und so ließ er das Pferd vorausgehen und folgte ihm von einer Gasse
i tak pozwolił on [---] koniowi pójść naprzód i śledził go od jednej uliczki

zur andern, bis es vor einer Stalltüre stehen blieb. Als es stehen blieb
do drugiej aż on przed [---] drzwiami stajni zatrzymał się kiedy on zatrzymał się

und nicht mehr weiter wollte, ging er in das Haus und in die Stube,
i już nie dalej chciał poszedł on do [---] domu i do [---] izby

und der Räuber wischte gerade den Ruß aus dem Gesicht, mit   dem
a [---] rozbójnik wycierał właśnie [---] sadzę z [---] twarzy za pomocą której

er es geschwärzt hatte; mit einem wollenen Strumpf.
on ją poczernił [---] za pomocą [---] wełnianej pończochy

"Seid Ihr gut nach Hause gekommen?" sagte der Quäker. "Wenn's
[---] wy dobrze do domu przybyliście powiedział [---] kwakier jeśli to

23

Euch recht ist, dann wollen wir jetzt unseren Tausch wieder
wam słuszne jest   to   chcemy (my) teraz naszą   zamianę znowu

rückgängig machen, er ist ohnehin nicht gerichtlich bestätigt.
cofnąć [anulować]   ona jest   i tak   nie   sądownie   potwierdzona

Gebt   mir mein Rösslein wieder, das Eure steht vor der Tür."
oddajcie 1... mi mojego rumaczka ...1 [ten] wasz stoi przed [---] drzwiami

Als sich nun der Spitzbube entdeckt sah, gab   er dem Quäker sein
kiedy się teraz [---]   łotr   odkryty widział zwrócił 2... on [---] kwakrowi jego

gutes Pferd zurück.
dobrego konia   ...2

"Seid so gut", sagte der Quäker, "und gebt mir jetzt auch noch zwei
bądźcie tak dobrzy powiedział [---] kwakier i   dajcie mi teraz też jeszcze dwa

Taler Rittlohn;   ich und Euer Rösslein sind miteinander
talary zapłaty za przejażdżkę konną ja i   wasz rumaczek [---]   razem

zu Fuß spaziert." Also musste der Spitzbube ihm auch noch die zwei
pieszo spacerowaliśmy więc   musiał   [---]   łotr   mu też jeszcze [---] dwa

Taler Rittlohn   zahlen.
talary zapłaty za przejażdżkę konną zapłacić

"Nicht wahr, das Tierlein läuft einen sanften Trab?" sagte der
nieprawda, [że] [---] zwierzątko biegnie   [---]   łagodnym truchtem powiedział [---]

Quäker.
kwakier

Der schlaue Soldat
[---] przebiegły żołnierz

Ein Soldat im letzten Krieg wusste wohl, dass der Bauer, dem er jetzt
pewien żołnierz w ostatniej wojnie wiedział chyba że [---] rolnik któremu on teraz

auf der Strasse entgegenging, 100 Gulden für geliefertes Heu
na [---]   ulicy   wyszedł naprzeciw 100   guldenów za   dostarczone siano

eingenommen hatte und heim tragen wollte. Deswegen bat er ihn um
pobrał   [---]   i do domu nieść chciał   dlatego prosił on go o

ein kleines Geschenk, um Tabak und Branntwein zu kaufen. Wer
[---]   mały   podarek żeby 3... tytoń i   wódkę   ...3 kupić   kto

weiß, ob er mit ein paar Batzen nicht zufrieden gewesen wäre. Aber
wie czy on z   paru   groszy   nie zadowolony byłby   [---] ale

der Landmann versicherte und beteuerte bei Himmel und Hölle, dass
[---]   chłop   zapewniał   i   zaklinał się na niebo i piekło że

er den eigenen letzten Kreuzer ausgegeben und nichts mehr
on [---] własnego ostatniego centa   wydał   i   nic więcej

übrig   habe.
pozostałych [reszty] ma

"Wenn's nur nicht so weit von meinem Quartier wäre", sagte
gdyby [---] tylko nie tak daleko od mojej dzielnicy było(by) powiedział

hierauf der Soldat, "so wäre uns beiden zu helfen; aber wenn du
na to [---] żołnierz to byłoby nam obu do pomagania ale jeśli ty

nichts hast, und ich hab' nichts, so müssen wir den Gang zum
nic masz i ja mam nic to musimy (my) [---] chód do

heiligen Alfonsus wohl machen. Was er uns heute beschert, wollen wir
świętego Alfonsa chyba zrobić czym on nas dzisiaj obdaruje chcemy (my)

brüderlich teilen."
po bratersku podzielić

Dieser Alfonsus stand in Stein ausgehauen in einer alten, wenig
ten Alfons stał w kamieniu wykuty w [---] starej mało

besuchten Kapelle am Feldweg. Der Landmann hatte anfangs keine
odwiedzanej kaplicy przy drodze polnej [---] chłop miał początkowo żadną

große Lust zu dieser Wallfahrt. Aber der Soldat versicherte unterwegs
wielką ochotę na tę pielgrzymkę ale [---] żołnierz zapewnił po drodze

seinem   Begleiter so nachdrücklich, der heilige Alfonsus habe ihn
swojemu [jego] towarzyszowi tak dobitnie [że][---] święty Alfons [---] go

noch in keiner Not stecken lassen, dass dieser selbst anfing, Hoffnung
jeszcze w żadnej potrzebie zostawił że ten sam zaczął nadziei

zu gewinnen. Vermutlich war in der abgelegenen Kapelle ein Kamerad
[---] nabierać przypuszczalnie był w [---] oddalonej kaplicy [---] kolega

und Helfershelfer des Soldaten verborgen? Ganz und gar nicht! Es war
i wspólnik [---] żołnierza ukryty wcale nie! to był

wirklich das steinerne Bild des Alfonsus, vor welchem sie jetzt
rzeczywiście [---] kamienny obraz [---] Alfonsa przed którym oni teraz

niederknieten, während der Soldat andächtig zu beten schien.
uklęknęli podczas gdy [---] żołnierz skupiony [---] modlić zdawał się

"Jetzt", sagte er seinem Begleiter ins Ohr, "jetzt hat mir der Heilige
teraz powiedział on swojemu towarzyszowi do ucha teraz [---] mi [---] Święty

gewunken." Er stand auf, ging   zu ihm hin, hielt die Ohren an die
dał znak on wstał poszedł 1... do niego ...1 trzymał [---] uszy przy [---]

steinernen Lippen und kam   gar freudig wieder zu seinem Begleiter
kamiennych ustach i wrócił 2... nawet radosny znów do swojego towarzysza

zurück.
...2

"Einen Gulden hat er mir geschenkt; in meiner Tasche müsse er
jednego guldena [---] on mi podarował w mojej kieszeni musi on

schon stecken." Er zog   auch wirklich zum Erstaunen des Bauern
już tkwić on wyciągnął 3... też rzeczywiście ku zdziwieniu [---] rolnika

einen Gulden heraus, den er aber schon vorher bei sich hatte, und
jednego guldena ...3 którego on jednak już wcześniej przy sobie miał i

25

teilte ihn, wie versprochen, brüderlich zur Hälfte. Das leuchtete dem
podzielił go jak obiecano bratersko na pół to stało się jasne 1... [---]

Bauern ein, und es war ihm ganz recht, dass der Soldat die
chłopu ...1 i to było mu całkiem słuszne [odpowiadało mu] że [---] żołnierz [---]

Probe noch einmal machte. Alles ging das zweite Mal wie zuerst. Nur
próbę jeszcze raz zrobił wszystko szło [---] drugi raz jak na początku tylko

kam der Kriegsmann diesmal viel freudiger von dem Heiligen
wrócił 2... [---] wojownik tym razem o wiele weselszy od [---] Świętego

zurück.
...2

"Hundert Gulden hat uns jetzt der gute Alfonsus auf einmal
sto guldenów [---] nam teraz [---] dobry Alfons naraz

geschenkt. In deiner Tasche müssen sie stecken."
podarował w twojej kieszeni muszą one tkwić

Der arme Bauer wurde totenblass, als er dies hörte, und wiederholte
[---] biedny rolnik stał się blady jak trup kiedy on tego słuchał i powtórzył

seine Versicherung, dass er gewiss keinen Kreuzer habe. Jedoch, der
swoje [jego] zapewnienie że on na pewno żadnego centa ma jednak [---]

Soldat redete ihm zu, er sollte doch nur Vertrauen zu dem heiligen
żołnierz przekonał 3... go ...3 on powinien przecież tylko zaufanie do [---] świętego

Alfonsus haben und nachsehen. Alfonsus habe ihn noch nie
Alfonsa mieć i spojrzeć Alfons [---] go jeszcze nigdy [nie]

enttäuscht. Wohl oder übel musste er seineTaschen umstülpen und
rozczarował chcąc nie chcąc musiał on swoje kieszenie wywinąć i

leer machen. Die hundert Gulden kamen richtig zum Vorschein, und
opróżnić [---] sto guldenów wyszło słusznie na jaw i

-- hatte er vorher dem schlauen Soldaten die Hälfte von seinem
[---] on wcześniej [---] przebiegłemu żołnierzowi [---] połowę (z) jego

Gulden abgenommen -- so musste er jetzt auch seine hundert Gulden
guldena odebrał więc musiał on teraz też jego sto guldenów

mit ihm teilen, da half kein Bitten und kein Flehen. Das war fein und
z nim podzielić tu pomogło żadne proszenie i żadne błaganie to było przednie i

listig, aber eben doch nicht recht, zumal in einer Kapelle.
podstępne ale właśnie przecież nie stosowne zwłaszcza w [---] kaplicy

Der sicherste Weg
[---] najpewniejsza droga

Manchmal hat selbst ein Betrunkener noch eine Überlegung oder
czasami ma sam [---] pijany jeszcze jakąś refleksję lub

26

doch einen guten Einfall, wie einer, der auf dem Heimweg aus der
wszak jakiś dobry pomysł jak jeden który w drodze do domu z [---]

Stadt nicht auf dem gewöhnlichen Pfad, sondern gerade in dem
miasta nie po [---] zwykłej ścieżce lecz właśnie w [---]

Wasser ging, das dicht neben dem Pfad läuft. Ihm begegnete ein
wodzie szedł która ściśle obok [---] ścieżki biegnie jego spotkał [---]

menschenfreundlicher Herr, der gerne den Notleidenden und
filantropijny pan który chętnie [---] cierpiącym biedę i

Betrunkenen hilft, und wollte ihm die Hand reichen.
pijanym pomaga i chciał mu [---] rękę podać

"Guter Freund", sagte er, "merkt Ihr nicht, dass Ihr im Wasser geht?
dobry przyjacielu powiedział on zauważacie wy nie że wy w wodzie idziecie

Hier ist der Fußweg!"
tutaj jest [---] droga dla pieszych

Der Betrunkene erwiderte: Sonst finde er's auch bequemer, auf dem
[---] pijany odrzekł zazwyczaj uważa on to też [za] wygodniejsze po [---]

trockenen Pfad zu gehen, aber diesmal gehe er ein bisschen mehr
suchej ścieżce [---] chodzić ale tym razem idzie on trochę bardziej

seitlich.
z boku

"Eben deswegen", sagte der Herr, "will ich Euch aus dem Bache
właśnie dlatego powiedział [---] pan chcę ja wam ze [---] strumienia

heraushelfen!"
pomóc się wydostać

"Eben deswegen", erwiderte der Betrunkene, "bleib' ich drin. Denn
właśnie dlatego odparł [---] pijany zostaję ja w nim ponieważ

wenn ich im Bach gehe und falle, so falle ich auf den Weg. Wenn ich
kiedy ja w strumieniu idę i upadam to upadam ja na [---] drogę kiedy ja

aber auf dem Weg falle, so falle ich in den Bach."
jednak na [---] drodze upadnę to upadnę ja do [---] strumienia

So sagte er und klopfte mit dem Zeigefinger auf die Stirn, nämlich,
tak powiedział on i puknął (z) [---] palcem wskazującym po [---] czole mianowicie

dass darin außer dem Rausch auch noch etwas mehr sei.
że w nim poza [---] upojeniem też jeszcze coś więcej jest

Der silberne Löffel
[---] srebrna łyżka

In Wien dachte ein Offizier: Ich will doch auch einmal im Roten
w Wiedniu myślał pewien oficer ja chcę przecież też raz w Czerwonym

Ochsen   zu Mittag essen, und geht in den Roten Ochsen. Da waren
Wole [gospoda]   obiad zjeść   i   idzie do [---] Czerwonego Wołu   tam   byli

bekannte und unbekannte Menschen, Vornehme und Mittelmäßige,
znani   i   nieznani   ludzie   wytworni   i   przeciętni

ehrliche Leute und Spitzbuben, wie überall. Man aß und trank,
uczciwi   ludzie   i   łotrzy   jak wszędzie   jadło się   i   piło

der eine viel, der andere wenig. Man sprach und erzählte von diesem
[---]   jeden dużo   [---]   drugi   mało   rozmawiało się   i   opowiadało o   tym

und jenem, zum Beispiel von dem Franzosen, der mit dem großen
i   tamtym   na   przykład   o   [---]   Francuzie   który z   [---]   wielkim

Wolf gekämpft hat. Als nun das Essen fast vorbei war, einer und
wilkiem   walczył   [---]   kiedy   już   [---] jedzenie prawie skończone było   jeden   i
der Winter/die Pause ist vorbei = zima/przerwa minęła

der andere trank noch eine halbe Maß Bier, ein anderer drehte
[---]   drugi   pił   jeszcze [---]   pół [tu:] kufla piwa   [---]   inny   obracał

Kügelchen aus weichem Brot, als wenn er ein Apotheker wär' und
kuleczki   z   miękkiego chleba   jakby   on   [---]   aptekarzem był(by)   i

wollte Pillen machen, ein dritter spielte mit dem Messer oder mit der
chciał   pigułki   robić   [---]   trzeci   bawił się   (z)   [---]   nożem   lub   (z)   [---]

Gabel oder mit dem silbernen Löffel.
widelcem   lub   (ze)   [---]   srebrną   łyżką

Da   sah   der Offizier zufällig zu, wie einer in einer grünen Jacke
wtedy przyglądał się 1... [---]   oficer   przypadkiem ...1   jak   jeden w   [---]   zielonej   kurtce

mit dem silbernen Löffel spielte, und wie ihm der Löffel auf einmal in
(ze)   [---]   srebrną   łyżką bawił się   i   jak   mu [---]   łyżka   nagle   do

den Ärmel hineinschlüpfte und nicht wieder herauskam. Ein anderer
[---]   rękawa   wskoczyła   i   nie   znów   wyszła   [---]   inny

hätte gedacht: was geht's   mich an? und wäre still gewesen oder
[---]   pomyślałby   co obchodzi 2... to mnie   ...2   i   [---]   cicho   byłby   lub

hätte großen Lärm angefangen.
[---]   wielki   hałas   zacząłby

Der Offizier dachte: Ich weiß nicht, wer der grüne Löffeldieb ist, und
[---]   oficer   pomyślał   ja   wiem   nie   kim   [---] zielony   złodziej łyżki   jest   i

was es für einen Verdruss geben kann, und war mäuschenstill, bis der
co   to dla   [---]   przykrości   dać   może   i   był   cichy jak mysz   aż   [---]

Wirt   kam und das Geld einzog. Als der Wirt   kam und das Geld
gospodarz przyszedł i   [---] pieniądze ściągnął   kiedy [---] gospodarz przyszedł i   [---] pieniądze

einzog, nahm der Offizier auch einen silbernen Löffel und steckte ihn
ściągnął   wziął   [---]   oficer   też   jedną   srebrną   łyżkę   i   schował   ją

in ein Knopfloch in der Jacke, wie es manchmal die Soldaten im Krieg
do   [---] dziurki od guzika w   [---]   kurtce   jak   to   czasami   [---]   żołnierze   na wojnie

machen, wenn sie den Löffel mitbringen, aber keine Suppe.
robią   kiedy   oni   [---]   łyżkę przynoszą ze sobą   ale   żadną   zupę

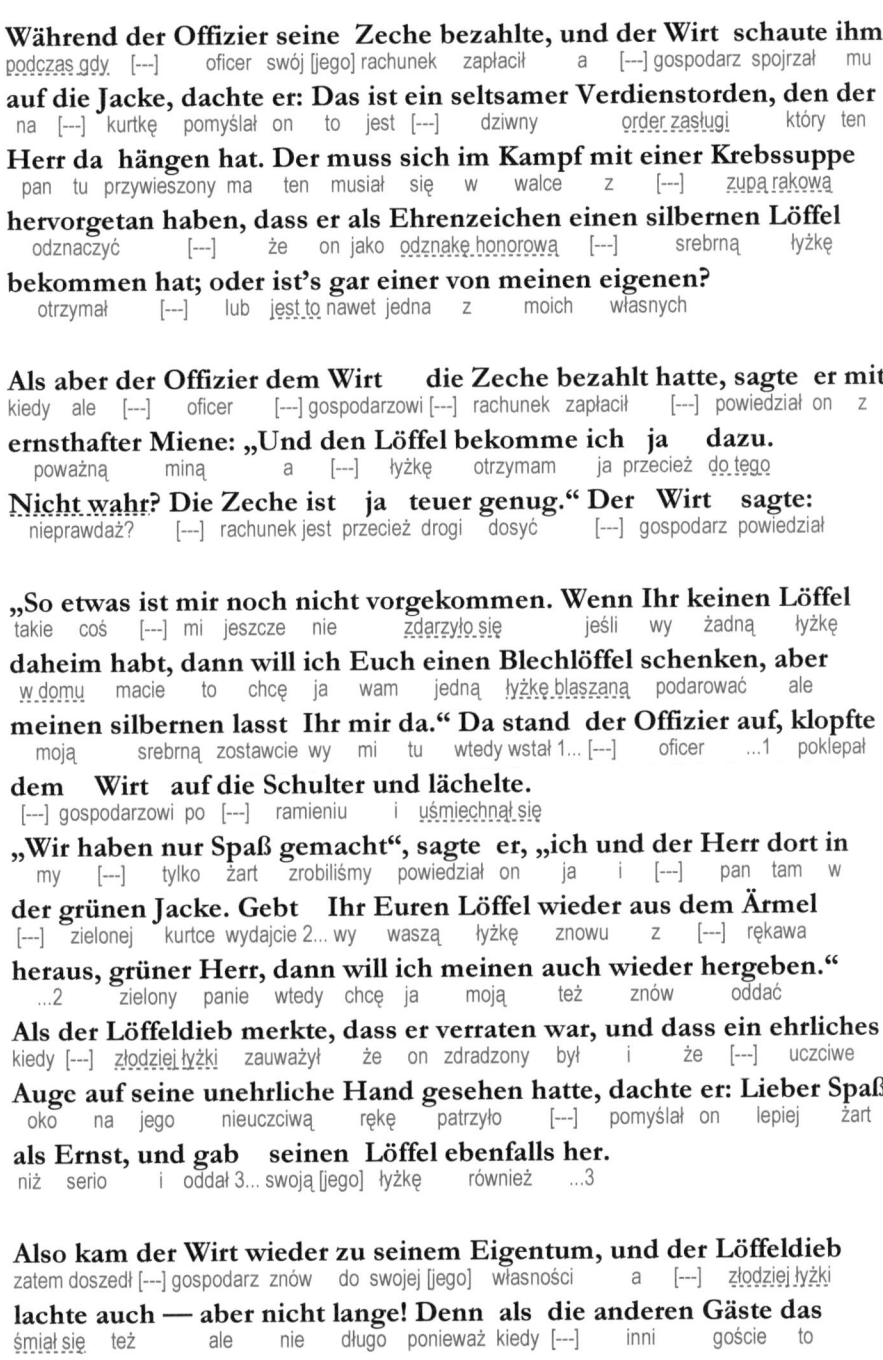

Während der Offizier seine Zeche bezahlte, und der Wirt schaute ihm
podczas gdy [---] oficer swój [jego] rachunek zapłacił a [---] gospodarz spojrzał mu

auf die Jacke, dachte er: Das ist ein seltsamer Verdienstorden, den der
na [---] kurtkę pomyślał on to jest [---] dziwny order zasługi który ten

Herr da hängen hat. Der muss sich im Kampf mit einer Krebssuppe
pan tu przywieszony ma ten musiał się w walce z [---] zupą rakową

hervorgetan haben, dass er als Ehrenzeichen einen silbernen Löffel
odznaczyć [---] że on jako odznakę honorową [---] srebrną łyżkę

bekommen hat; oder ist's gar einer von meinen eigenen?
otrzymał [---] lub jest to nawet jedna z moich własnych

Als aber der Offizier dem Wirt die Zeche bezahlt hatte, sagte er mit
kiedy ale [---] oficer [---] gospodarzowi [---] rachunek zapłacił [---] powiedział on z

ernsthafter Miene: „Und den Löffel bekomme ich ja dazu.
poważną miną a [---] łyżkę otrzymam ja przecież do tego

Nicht wahr? Die Zeche ist ja teuer genug." Der Wirt sagte:
nieprawdaż? [---] rachunek jest przecież drogi dosyć [---] gospodarz powiedział

„So etwas ist mir noch nicht vorgekommen. Wenn Ihr keinen Löffel
takie coś [---] mi jeszcze nie zdarzyło się jeśli wy żadną łyżkę

daheim habt, dann will ich Euch einen Blechlöffel schenken, aber
w domu macie to chcę ja wam jedną łyżkę blaszaną podarować ale

meinen silbernen lasst Ihr mir da." Da stand der Offizier auf, klopfte
moją srebrną zostawcie wy mi tu wtedy wstał 1... [---] oficer ...1 poklepał

dem Wirt auf die Schulter und lächelte.
[---] gospodarzowi po [---] ramieniu i uśmiechnął się

„Wir haben nur Spaß gemacht", sagte er, „ich und der Herr dort in
my [---] tylko żart zrobiliśmy powiedział on ja i [---] pan tam w

der grünen Jacke. Gebt Ihr Euren Löffel wieder aus dem Ärmel
[---] zielonej kurtce wydajcie 2... wy waszą łyżkę znowu z [---] rękawa

heraus, grüner Herr, dann will ich meinen auch wieder hergeben."
...2 zielony panie wtedy chcę ja moją też znów oddać

Als der Löffeldieb merkte, dass er verraten war, und dass ein ehrliches
kiedy [---] złodziej łyżki zauważył że on zdradzony był i że [---] uczciwe

Auge auf seine unehrliche Hand gesehen hatte, dachte er: Lieber Spaß
oko na jego nieuczciwą rękę patrzyło [---] pomyślał on lepiej żart

als Ernst, und gab seinen Löffel ebenfalls her.
niż serio i oddał 3... swoją [jego] łyżkę również ...3

Also kam der Wirt wieder zu seinem Eigentum, und der Löffeldieb
zatem doszedł [---] gospodarz znów do swojej [jego] własności a [---] złodziej łyżki

lachte auch — aber nicht lange! Denn als die anderen Gäste das
śmiał się też ale nie długo ponieważ kiedy [---] inni goście to

sahen, jagten sie den verratenen Dieb mit Schimpf und Schande und
widzieli wypędzili oni [---] wydanego złodzieja z obelgą i wstydem i

ein paar Tritten zur Türe hinaus, und der Wirt schickte ihm den
kilkoma kopniakami za drzwi a [---] gospodarz posłał za 1... nim [---]

Hausknecht mit einer Hand voll Asche hinterher. Den redlichen
parobka z [---] ręką pełną popiołu ...1 [---] uczciwego

Offizier aber bewirtete er noch mit einer Flasche Wein auf das Wohl
oficera ale ugościł on jeszcze (z) [---] butelką wina na zdrowie

aller ehrlichen Leute. Merke: Das Recht findet seinen Knecht.
wszystkich uczciwych ludzi pamiętaj [---] racja znajdzie swojego sługę

Der unschuldig Gehenkte
[---] niewinny wisielec

Folgende unglückliche Begebenheit hat sich im Schwarzwald
następujące nieszczęśliwe zdarzenie [---] się w Schwarzwaldzie

zugetragen. Mehrere Buben hüteten miteinander unten am Wald das
zdarzyło kilku chłopców pilnowało razem na dole przy lesie [---]

Vieh ihrer Eltern. In der Langeweile trieben sie allerlei und ahmten,
bydło ich rodziców w [---] chwilach nudy zajmowali się oni wszelako i naśladowali 2...

wie man in diesem Alter zu tun pflegt, im Spiel die erwachsenen
jak [---] w tym wieku do czynienia pielęgnuje się w zabawie [---] dorosłych

Menschen nach. Eines Tages sagte der eine von ihnen:
ludzi ...2 pewnego dnia powiedział [---] jeden z nich

„Ich will der Dieb sein."
ja chcę [---] złodziejem być

— „ Dann will ich der Kommissar sein", sagte der zweite. „Seid ihr
wtedy chcę ja [---] komisarzem być powiedział [---] drugi bądźcie wy

die Polizisten", sagte er zum dritten und vierten, „und du bist der
[---] policjantami powiedział on do trzeciego i czwartego a ty jesteś [---]

Henker", sprach er zum fünften. Gut!
katem powiedział on do piątego dobrze

Der Dieb stiehlt einem seiner Kameraden heimlich ein Messer und
[---] złodziej kradnie jednemu [ze] swoich kolegów po kryjomu [---] nóż i

flieht; der Bestohlene klagt beim Kommissar; die Polizisten streifen im
ucieka [---] okradziony skarży u komisarza [---] policjanci wędrują w

Revier, fangen den Dieb in einem hohlen Baum und liefern ihn ein.
rewirze łapią [---] złodzieja w [---] pustym drzewie i odwożą 3... go ...3

Der Richter verurteilt ihn zum Tode. Unterdessen hört man im Wald
[---] sędzia skazuje go na śmierć tymczasem słyszy się w lesie

einen Schuss fallen, und Hundegebell. Man achtet nicht darauf. Der
jeden strzał padany i szczekanie psów zwraca się uwagę nie na to [---]

30

Henker wirft dem Übeltäter kurz einen Strick um den Hals und bindet
kat rzuca [---] złoczyńcy krótko [---] sznur wokół szyi i wiąże

ihn im Unverstand und Leichtsinn an einen Ast, so, dass er mit den
go w głupocie i lekkomyślności do [---] gałęzi tak że on (z) [---]

Füßen die Erde nicht berührt; denkt, einen Augenblick kann er's
stopami [---] ziemi nie dotyka myśli, jedną chwilę może on to

schon aushalten.
jeszcze wytrzymać

Plötzlich rauscht es im dürren Laub im Wald; es knackt und kracht im
nagle szeleści w suchym listowiu w lesie chrupie i trzaska w

dichten Gehölz; ein schwarzer, wilder Eber bricht zottig und
gęstym zagajniku [---] czarny dziki dzik przedziera się 1... kudłaty i

blitzend aus dem Wald hervor und läuft über den Richtplatz. Die
łyskający z [---] lasu ...1 i biegnie przez [---] miejsce stracenia [---]

Hirtenbuben, denen es ohnehin halb zumute war, als ob es doch
pastuszkowie którym [---] zresztą połowicznie w odczuciach było jakby to przecież
ihm war nicht zum Lachen zumute = nie było mu do śmiechu

nicht ganz recht wäre, erschrecken, und meinen, es wäre der Teufel,
nie całkiem rzeczywiste było(by) przerażają się i sądzą to byłby [---] diabeł

und laufen vor Angst davon.
i uciekają 2... ze strachu ...2

Einer von ihnen läuft ins Dorf und erzählt, was geschehen ist. Aber
jeden z nich biegnie do wsi i opowiada co zdarzyło się [---] ale

als man kam, um den Gehenkten abzulösen, war er erstickt und tot.
kiedy przyszło się żeby [---] wisielca odciąć był on uduszony i martwy

Dies ist eine Warnung. Der Kommissar und die Polizisten kamen für
to jest [---] ostrzeżenie [---] komisarz i [---] policjanci poszli na

drei Wochen ins Gefängnis, und der Henker für sechs. Dass der Eber
trzy tygodnie do więzienia a [---] kat na sześć [to] że [---] dzik

der Teufel war, hat sich nicht bestätigt. Denn er wurde von den
[---] diabłem był [---] się nie potwierdziło ponieważ on został przez [---]

nacheilenden Jägern erlegt; der Teufel aber ist noch am Leben.
pędzących myśliwych ustrzelony [---] diabeł jednak jest jeszcze przy życiu

Der Wasserträger
[---] nosiwoda

In Paris holt man das Wasser nicht aus dem Brunnen. Man schöpft
w Paryżu przynosi się [---] wodę nie ze [---] studni czerpie się

das Wasser in dem Fluss, der hindurch fließt, und hat Wasserträger,
[---] wodę w [---] rzece która na wskroś płynie i ma nosiwodów

31

arme Leute, die jahraus, jahrein das Wasser in die Häuser bringen und
biednych ludzi którzy rok w rok [---] wodę do [---] domów przynoszą i

davon leben. Denn man müsste viele Brunnen graben für eine halbe
z tego żyją ponieważ trzebaby wiele studni kopać dla [---] pół

Million Menschen in einer Stadt, ohne das unvernünftige Vieh. Auch
miliona ludzi w [---] mieście bez [---] nierozumnego bydła też

hat das Erdreich dort kein trinkbares Wasser; auch deshalb gräbt man
ma [---] gleba tam żadną pitną wodę również dlatego kopie się

keine Brunnen.
żadne studnie

Zwei solche Wasserträger verdienten ihr   Stück Brot und tranken am
dwóch takich nosiwodów zarabiało swój [ich] kawałek chleba i piło w

Sonntag ihren Wein miteinander, viele Jahre lang; auch legten   sie
niedzielę swoje [ich] wino razem wiele lat długo też odkładali 1... oni

immer ein wenig von dem Verdienst zurück und setzten es in der
zawsze trochę z [---] zarobku ...1 i stawiali to w [---]

Lotterie. Wer sein Geld in die Lotterie trägt, trägt's in den Rhein;
loterii kto swoje pieniądze do [---] loterii przynosi przynosi je do [---] Renu

weg ist's! Aber manchmal lässt das Glück einen unter vielen
precz jest to ale czasami pozwala [---] szczęście jednemu wśród wielu

weg sein = zniknąć, odejść, być nieobecnym; er ist weg = nie ma go, wyszedł

Tausenden etwas Nennenswertes gewinnen und man trompetet dazu,
tysięcy coś znacznego wygrać i trąbi się do tego

damit die anderen Dummen wieder gelockt werden.
żeby [---] inni głupcy znów skuszeni zostali

Also   ließ   es auch unsere zwei Wasserträger auf einmal gewinnen,
zatem pozwoliło ono też naszym dwóm nosiwodom naraz wygrać

mehr als 100 000 Livres. Einer von ihnen, als er seinen Anteil
więcej niż 100 000 liwrów jeden z nich kiedy on swoją [jego] część

heimgetragen hatte, dachte nach:
do domu niósł. [---] rozmyślał

Wie kann ich mein Geld sicher anlegen? Wie viel darf ich pro Jahr
jak mogę ja moje pieniądze pewnie ulokować ile mogę ja na rok

verzehren, damit ich von Jahr zu Jahr reicher werde, bis ich's
wydać żebym ja z roku na rok bogatszy stawał się aż ja ich [pieniędzy]

nicht mehr zählen kann? Und wie ihn seine Überlegung ermahnte, so
już nie policzyć będę mógł i jak go jego rozważanie napominało tak

tat er, und jetzt ist er ein steinreicher Mann, und ein guter Freund
zrobił on i teraz jest on [---] szalenie bogatym człowiekiem a [---] dobry przyjaciel

von mir kennt ihn. Der andere sagte:
ode mnie zna go [---] drugi powiedział

„Gut will ich mir's auch gehen lassen für mein Geld, aber meine
dobrze chcę ja sobie [---] też chodzić pozwalać za moje pieniądze ale moich

es sich (Dativ) gut gehen lassen = dogadzać sobie

32

Kunden geb' ich nicht auf, dies wäre unklug". Stattdessen nahm er
klientów zrzeknę się 1... ja   nie   ...1   to byłoby niemądre   zamiast tego   przyjął 2... on

für ein Vierteljahr einen Helfer an, der so lange sein Geschäft
na [---]   kwartał   [---]   pomocnika ...2 który tak długo   jego   interes

verrichten musste, wie er reich war. Denn er sagte:
załatwiać   musiał   jak on bogaty był   bowiem on powiedział

„In einem Vierteljahr bin ich fertig."
za   [---]   kwartał   jestem ja gotowy [uporam się]

Also kleidet er sich jetzt in die vornehmste Seide, jeden Tag ein
A więc   ubiera on   się   teraz   w [---] najwytworniejszy jedwab   każdego dnia [---]

neuer Anzug, eine andere Farbe, einer schöner als der andere, ließ sich
nowy   garnitur   [---]   inny   kolor   jeden piękniejszy od [---] drugiego kazał sobie

alle Tage frisieren, sieben Locken übereinander, mietete für ein
co dzień   układać włosy   siedem   loków   jeden na drugim   wynajął   na [---]

Vierteljahr ein prächtiges Haus, ließ alle Tage zwei Schweine
kwartał   [---]   okazały   dom   kazał   co dzień   dwie   świnie

schlachten, für sich und seine guten Freunde, die er zum Essen
zabić   dla siebie i   jego dobrych przyjaciół których on   na   jedzenie

einlud, und für die Musikanten. Vom Keller bis in das Speisezimmer
zaprosił   i   dla [---]   muzykantów   od   piwnicy aż do [---]   jadalni

standen zwei Reihen Hausangestellte und reichten einander die
stały   dwa   rzędy   pomocy domowej   i   podawały   nawzajem   [---]

Flaschen, wie man die Löscheimer reicht bei einem Brand, in der
butelki   jak [---] [---] wiadra gaśnicze podaje się przy [---] pożarze w [---]

einen Reihe die leeren Flaschen, in der anderen die vollen.
jednym   rzędzie [---]   puste   butelki   w [---]   drugim   [---]   pełne

Den Boden von Paris betrat er nicht mehr, sondern, wenn er ins
[---] [na] ziemię   (od) Paryża stawał on   już nie   lecz   jeśli on do

Theater fahren wollte oder ins Palais Royal, so mussten ihn sechs
teatru   jechać   chciał   lub   do Palais Royal   to   musiało   go sześciu

Diener in die Kutsche hineintragen und wieder heraus. Überall war er
sług   do [---]   dorożki   wnosić   i   znowu [tu:] wynosić   wszędzie był   on

der gnädige Herr, der Herr Baron, der Herr Graf   und
[---] łaskawym   panem   [---]   panem baronem [---]   panem grafem [niem. tytuł aryst.]   i

der verständigste Mann in ganz Paris.
[---]   najrozsądniejszym człowiekiem w całym Paryżu

Als er aber drei Wochen vor dem Ende des Vierteljahres in den
kiedy on   ale   trzy   tygodnie przed [---]   końcem [---]   kwartału   do [---]

Geldkasten   griff, um eine Handvoll Dublonen ungezählt und
skrzynki na pieniądze   sięgnął aby [---]   pełną rękę   dublonów   niezliczonych   i

unbeschaut herauszunehmen, als er schon auf den Boden der Kiste
nieoglądanych wyjąć kiedy on już na [---] dno [---] skrzynki

griff, sagte er: „Gott sei Dank, ich werde schneller fertig,
sięgnął powiedział on Bogu niech będą dzięki ja będę szybciej gotowy [uporam się]

als ich gedacht habe."
niż ja myślałem [---]

Also bereitete er sich und seinen Freunden noch einen lustigen Tag,
więc sprawił on sobie i swoim [jego] przyjaciołom jeszcze jeden radosny dzień

wischte alsdann den Rest seines Reichtums in der Kiste zusammen,
zmiótł potem [---] resztę swojego bogactwa w [---] skrzynce razem [w całości]

schenkte es seinem Helfer und gab ihm den Abschied.
podarował go swojemu pomocnikowi i dał mu [---] pożegnanie [pożegnał się]

Denn am anderen Tag ging er selber wieder an sein altes Geschäft,
ponieważ w następnym dniu poszedł on sam znowu do swojego starego interesu

trägt jetzt Wasser in die Häuser wie vorher, wieder so lustig und
nosi teraz wodę do [---] domów jak wcześniej znów tak wesoły i

zufrieden wie vorher. Ja, er bringt das Wasser selbst seinem
zadowolony jak przedtem tak, on przynosi [---] wodę sam swojemu [jego]

ehemaligen Kameraden, nimmt ihm aus alter Freundschaft nichts
dawnemu koledze pobiera 1... mu po starej przyjaźni nic

dafür ab und lacht ihn aus. Ich denke mir etwas dabei, aber ich
za to ...1 i wyśmiewa 2... go ...2 ja myślę sobie coś przy tym ale ja

sag's nicht.
powiem tego nie

Der Zahnarzt
[---] dentysta

Zwei Landstreicher, die schon lange miteinander in der Welt
dwaj wędrowcy którzy już długo ze sobą [tu:] po [---] świecie

herumgezogen waren, weil sie zum Arbeiten zu träge oder zu
włóczyli się [---] ponieważ oni do pracowania zbyt leniwi lub zbyt

ungeschickt waren, kamen zuletzt in große Not, weil sie wenig Geld
niezręczni byli popadli ostatnio w wielką biedę ponieważ oni mało pieniędzy

übrig hatten und nicht wussten, woher nehmen. Da gerieten sie auf
pozostałych mieli i nie wiedzieli skąd wziąć wtedy wpadli oni na

folgenden Einfall:
następujący pomysł

Sie bettelten vor einigen Haustüren Brot zusammen, das sie nicht
oni użebrali 3... przed kilkoma drzwiami wejściowymi chleb ...3 który oni nie

zur Stillung des Hungers genießen, sondern zum Betrug
do zaspokojenia [---] głodu kosztować lecz do oszustwa

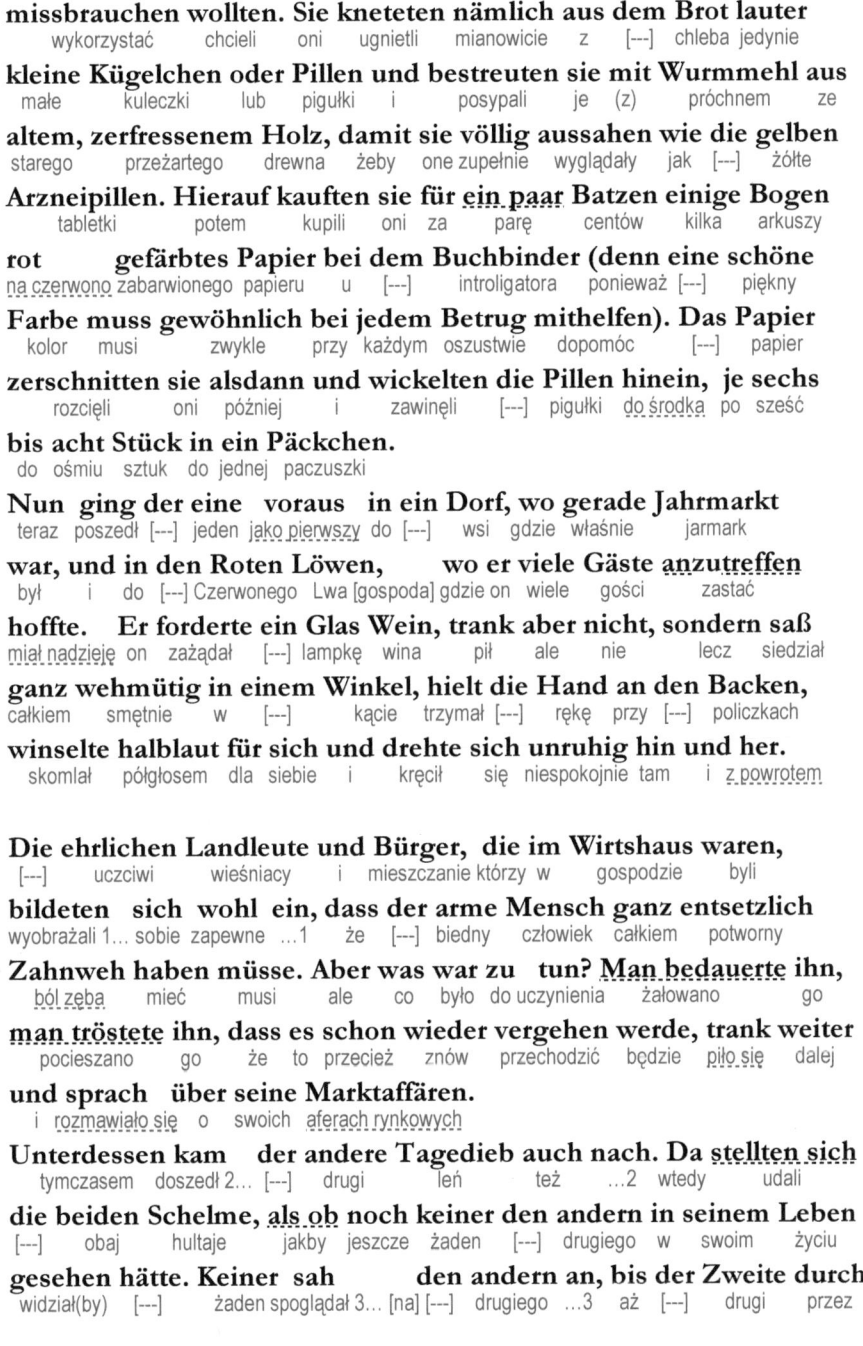

missbrauchen wollten. Sie kneteten nämlich aus dem Brot lauter
wykorzystać chcieli oni ugnietli mianowicie z [---] chleba jedynie

kleine Kügelchen oder Pillen und bestreuten sie mit Wurmmehl aus
małe kuleczki lub pigułki i posypali je (z) próchnem ze

altem, zerfressenem Holz, damit sie völlig aussahen wie die gelben
starego przeżartego drewna żeby one zupełnie wyglądały jak [---] żółte

Arzneipillen. Hierauf kauften sie für ein paar Batzen einige Bogen
tabletki potem kupili oni za parę centów kilka arkuszy

rot   gefärbtes Papier bei dem Buchbinder (denn eine schöne
na czerwono zabarwionego papieru u [---] introligatora ponieważ [---] piękny

Farbe muss gewöhnlich bei jedem Betrug mithelfen). Das Papier
kolor musi zwykle przy każdym oszustwie dopomóc [---] papier

zerschnitten sie alsdann und wickelten die Pillen hinein, je sechs
rozcięli oni później i zawinęli [---] pigułki do środka po sześć

bis acht Stück in ein Päckchen.
do ośmiu sztuk do jednej paczuszki

Nun ging der eine voraus in ein Dorf, wo gerade Jahrmarkt
teraz poszedł [---] jeden jako pierwszy do [---] wsi gdzie właśnie jarmark

war, und in den Roten Löwen,   wo er viele Gäste anzutreffen
był i do [---] Czerwonego Lwa [gospoda] gdzie on wiele gości zastać

hoffte. Er forderte ein Glas Wein, trank aber nicht, sondern saß
miał nadzieję on zażądał [---] lampkę wina pił ale nie lecz siedział

ganz wehmütig in einem Winkel, hielt die Hand an den Backen,
całkiem smętnie w [---] kącie trzymał [---] rękę przy [---] policzkach

winselte halblaut für sich und drehte sich unruhig hin und her.
skomlał półgłosem dla siebie i kręcił się niespokojnie tam i z powrotem

Die ehrlichen Landleute und Bürger, die im Wirtshaus waren,
[---] uczciwi wieśniacy i mieszczanie którzy w gospodzie byli

bildeten sich wohl ein, dass der arme Mensch ganz entsetzlich
wyobrażali 1... sobie zapewne ...1 że [---] biedny człowiek całkiem potworny

Zahnweh haben müsse. Aber was war zu tun? Man bedauerte ihn,
ból zęba mieć musi ale co było do uczynienia żałowano go

man tröstete ihn, dass es schon wieder vergehen werde, trank weiter
pocieszano go że to przecież znów przechodzić będzie piło się dalej

und sprach über seine Marktaffären.
i rozmawiało się o swoich aferach rynkowych

Unterdessen kam der andere Tagedieb auch nach. Da stellten sich
tymczasem doszedł 2... [---] drugi leń też ...2 wtedy udali

die beiden Schelme, als ob noch keiner den andern in seinem Leben
[---] obaj hultaje jakby jeszcze żaden [---] drugiego w swoim życiu

gesehen hätte. Keiner sah   den andern an, bis der Zweite durch
widział(by) [---] żaden spoglądał 3... [na] [---] drugiego ...3 aż [---] drugi przez

das Winseln des Ersten, der im Winkel saß, aufmerksam zu werden
[---] skomlenie [---] pierwszego który w kącie siedział uważny [---] zostać

schien.
wydał się

| auf jemanden/etwas aufmerksam werden = zwracać uwagę na kogoś/coś |

„Guter Freund", sprach er, „Ihr scheint wohl Zahnschmerzen zu
dobry przyjacielu powiedział on wy zdajecie się chyba bóle zęba [---]

haben?" und ging mit großen, aber langsamen Schritten auf ihn zu.
mieć i podszedł 1... (z) wielkimi ale powolnymi krokami do niego ...1

„Ich bin der Doktor Staunzius Rapunzia von Trafalgar", fuhr er
ja jestem [---] doktor Staunzius Rapunzia z Trafalgaru kontynuował 2... on

fort. Denn solche fremde, volltönige Namen müssen auch zum Betrug
...2 ponieważ takie obce dźwięczne nazwiska muszą też do oszustwa

behilflich sein wie die Farben. „Und wenn Ihr meine Zahnpillen
pomocne być jak [---] kolory i jeśli wy moje pigułki na ból zęba

gebrauchen wollt", fuhr er fort, „so kann ich Euch mit einer,
użyć chcecie kontynuował 3...on ...3 to mogę ja was za pomocą jednej

höchstens zweien, von Eurem Leiden befreien."
najwyżej dwóch od waszego cierpienia uwolnić

„Das wolle Gott", erwiderte der andere Halunke. Hierauf zog der
tego niech chcę Bóg odrzekł [---] drugi łajdak następnie wyciągnął [---]

saubere Doktor Rapunzia eines von seinen roten Päckchen aus der
czysty doktor Rapunzia jedną z jego czerwonych paczuszek z [---]

Tasche und verordnete dem Patienten, ein Kügelchen daraus auf den
kieszeni i zalecił [---] pacjentowi jedną kuleczkę z tego na [---]

bösen Zahn zu legen und herzhaft darauf zu beißen. Jetzt streckten
[tu:] chorego zęba [---] położyć i mocno na niej [---] zagryźć teraz wyciągnęli

die Gäste an den andern Tischen die Köpfe herüber, und einer nach
[---] goście przy [---] innych stolikach [---] głowy w tę stronę i jeden po

dem andern kam herbei, um die Wunderkur mit anzusehen.
[---] drugim przychodził tu aby [---] cudowną kurację wspólnie obejrzeć

Nun könnt ihr euch vorstellen, was geschah. Diese erste Probe half
teraz możecie wy sobie wyobrazić co zdarzyło się ta pierwsza próba pomogła

zwar noch nicht; vielmehr tat er einen entsetzlichen Schrei. Das
wprawdzie jeszcze nie co więcej zrobił on [---] przerażający krzyk to

gefiel dem Doktor. Der Schmerz, sagte er, sei jetzt gebrochen, und
podobało się [---] doktorowi [---] ból powiedział on jest teraz przełamany i

gab ihm sogleich die zweite Pille zu gleichem Gebrauch. Da war nun
dał mu zaraz [---] drugą pigułkę do tego samego użytku wtedy [---] otóż

36

plötzlich aller Schmerz verschwunden. Der Patient sprang vor
nagle   cały   ból   zniknął   [---]   pacjent podskoczył 1... z

Freuden auf, wischte den Angstschweiß von der Stirn weg, obgleich
radości ...1 wytarł 2... [---]   zimny pot   z [---] czoła ...2 chociaż

keiner dran war, und tat so, als ob er seinem   Retter zum Dank etwas
żaden na tym był i zrobił tak jakby on swojemu [jego] wybawcy w podzięce coś

Bedeutsames in die Hand drückte.
znaczącego w [---] dłoń wcisnął(by)

Der Streich war schlau angelegt und tat seine Wirkung. Denn jeder
[---] żart był sprytnie ułożony i zrobił swoje działanie ponieważ każdy

Anwesende wollte nun auch von diesen vortrefflichen Pillen haben.
obecny   chciał teraz też z tych doskonałych pigułek mieć

Der Doktor bot   das Päckchen für 24 Kreuzer an, und in wenigen
[---] doktor oferował 3... [---] paczuszkę za 24 centy ...3 i w kilka

Minuten waren alle verkauft.
minut   były wszystkie sprzedane

Natürlich gingen   jetzt die zwei Schelme wieder einer nach dem
oczywiście poszli dalej 4... teraz [---] dwaj hultaje znów jeden po [---]

anderen weiter, lachten, als sie wieder zusammenkamen, über die
drugim   ...4 śmiali się kiedy oni ponownie spotkali się   z [---]

Einfalt dieser Leute und ließen sich's gut gehen von ihrem Geld.
naiwności tych ludzi i pozwalali sobie [---] dobrze chodzić przez swoje [ich] pieniądze
es sich (Dativ) gut gehen lassen = dogadzać sobie

Das war teures Brot. So wenig für 24 Kreuzer bekam man noch in
to był drogi chleb tak mało za 24 centy otrzymało się jeszcze w

keiner Hungersnot. Aber der Geldverlust war nicht einmal das
żadnej klęsce głodu ale [---] strata pieniężna była nawet nie [tym]

Schlimmste. Denn die Weichbrotkügelchen wurden natürlicherweise
najgorszym ponieważ [---] kuleczki z miękkiego chleba stały się naturalnie

mit der Zeit steinhart.
z [---] czasem twarde jak kamień

Wenn nun so ein armer Betrogener nach Jahr und Tag Zahnweh
kiedy teraz więc [---] biedny oszukany po roku i dniu ból zęba
nach Jahr und Tag = po dłuższym czasie

bekam und in gutem Vertrauen mit dem kranken Zahn einmal und
dostał i w dobrym zaufaniu (z) [---] chorym zębem raz i

zweimal darauf biss, da denke man an den entsetzlichen Schmerz, den
dwa razy na to zagryzł tu myśli się o [---] przerażającym bólu który

er, statt geheilt zu werden, sich selbst bereitete. Für 24 Kreuzer aus
on zamiast wyleczonym [---] zostać sobie sam sprawił za 24 centy z

der eigenen Tasche.
[---] własnej kieszeni

Daraus ist also zu lernen, wie leicht man betrogen werden kann, wenn
z tego jest więc do nauczenia jak łatwo [---] oszukanym zostać można jeśli

man den Vorspiegelungen jedes hergelaufenen Landstreichers traut,
[---] [---] udawaniom każdego przybłąkanego włóczęgi ufa się

den man zum ersten Mal in seinem Leben sieht, und vorher nie und
którego [---] po raz pierwszy w swoim życiu widzi się a wcześniej nigdy i

nachher nie mehr; und mancher, der dies liest, wird vielleicht denken:
później nigdy więcej a niejeden który to czyta będzie może myśleć

„So einfältig bin ich zu meinem eigenen Schaden auch schon
tak naiwny [---] ja na moją własną szkodę też już

gewesen." (Merke: Wer so etwas kann, der weiß an anderen Orten
byłem pamiętaj kto takie coś potrafi ten [tu:]umie na innych miejscach

Geld zu verdienen, der läuft nicht auf den Dörfern und Jahrmärkten
pieniądze [---] zarobić ten lata 1... nie po [---] wioskach i jarmarkach

herum mit Löchern im Strumpf oder mit einer weißen Schnalle am
...1 z dziurami w pończosze lub z [---] białą klamrą przy

rechten Schuh und mit einer gelben am linken.)
prawym bucie i z [---] żółtą przy lewym

Die Probe
[---] próba

In einer ziemlich großen Stadt, wo nicht alle Leute einander kennen,
w pewnym dość dużym mieście gdzie nie wszyscy ludzie wzajemnie znają się

auch nicht alle Polizisten, ging ein neu angestellter Polizist in ein
też nie wszyscy policjanci wszedł 2... [---] nowo zatrudniony policjant do [---]

verdächtiges Wirtshaus hinein und hatte einen braunen Mantel über
podejrzanej gospody ...2 i [---] [---] brązowy płaszcz na

die Uniform drübergezogen. Denn er dachte:
[---] mundur założył bowiem on pomyślał

Weil ich noch nicht lange im Dienst bin, so kennt mich niemand,
ponieważ ja jeszcze nie długo w służbie jestem to zna mnie nikt

und niemand nimmt sich vor mir in Acht; vielleicht gibt's etwas zu
i nikt weźmie się przede mną w uwagę może jest coś do

sich vor jemandem/etwas in Acht nehmen = mieć się na baczności przed kimś/czymś

fischen. Ein bejahrter Mann in bürgerlicher Kleidung folgt ihm nach
złownienia [---] sędziwy człowiek w mieszczańskim ubraniu idzie za 3... nim ...3

und geht auch in das Wirtshaus. Der neue Polizist bestellt einen
i idzie też do [---] gospody [---] nowy policjant zamawia [---]

38

Schoppen; der betagte Mann setzt sich an den gleichen Tisch
ćwiartkę [wina] [---] w podeszłym wieku mężczyzna siada przy [---] takim samym stoliku

und bestellt auch einen Schoppen. An anderen Tischen saßen mehrere
i zamawia też [---] ćwiartkę [wina] przy innych stołach siedziało kilkoro

Leute und sprachen friedlich von allerlei, von dem Elefanten,
ludzi i rozmawiało pokojowo o przeróżnych sprawach o [---] słoniu

von dem grossen Diebstahl, von den Kriegsoperationen. Einer zog
o [---] wielkiej kradzieży o [---] działaniach wojennych jeden pociągnął

mit dem Finger einen Strich aus Wein über den Tisch und sagte:
(z) [---] palcem [---] kreskę z wina przez [---] stół i powiedział

"Zum Beispiel, dies wäre die Donau." Darauf legte er ein Stückchen
na przykład to byłby [---] Dunaj potem położył on [---] kawałeczek

Käserinde daneben und sagte: "Jetzt, das wär' Ulm." Ein anderer, als
skórki sera obok i powiedział teraz to byłby Ulm [---] inny kiedy

er Ulm nennen hörte, sagte zu dem betagten Mann:
on Ulm wymieniony słyszał powiedział do [---] wiekowego mężczyzny

"Ich bin von Ulm und habe dort Haus und Gewerbe. Aber die alten
ja jestem z Ulm i mam tam dom i działalność zarobkową ale te stare

Zeiten sind nicht mehr." Der betagte Mann sagte:
czasy są już nie [minęły] [---] wiekowy człowiek powiedział

"Landsmann, Ulm ist überall, die guten Zeiten sind nirgends mehr",
rodaku Ulm jest wszędzie [---] dobre czasy są nigdzie więcej

und fing an zu klagen über die Zeit und über die Abgaben und zu
i zaczął [---] skarżyć się na [---] czas i na [---] podatki i [---]

lästern über die Obrigkeit, wie es sich nicht gehört. Da wurde
bluźnić na [---] władzę jak to się nie należy [nie przystoi] wtedy stał się

der Polizist im braunen Überrock aufmerksam und stille und sagte
[---] policjant w brązowym palcie uważny i milczący i powiedział

endlich:
w końcu

"Guter Freund, ich warne Euch." Der betagte Mann aber
dobry przyjacielu ja ostrzegam was [---] sędziwy człowiek ale

sagte: "Was habt Ihr mich zu warnen?" und trank ein Glas voll
powiedział co macie wy mnie do ostrzegania i wypijał 1... jeden kieliszek pełen

Was habt Ihr mich zu warnen? = Przed czym chcecie mnie ostrzec?

Wein nach dem andern aus und schimpfte über die Obrigkeit nur
wina po [---] drugim ...1 i klął na [---] władzę tylko

noch schlimmer. Der verkleidete Polizist sagte:
jeszcze gorzej [---] przebrany policjant powiedział

"Guter Freund, ich kenn' Euch nicht. Aber ich will Euch noch einmal
dobry przyjacielu ja znam was nie ale ja chcę was jeszcze raz

gewarnt haben." Der Betagte erwiderte:
ostrzeżonego mieć [---] sędziwy odrzekł

"Warnen hin und warnen her! Was wahr ist, muss man reden
ostrzeganie tam i ostrzeganie tu co prawdą jest trzeba mówić

dürfen. Was bleibt einem noch übrig als die freie Rede?"
mieć pozwolenie co pozostaje 1... [człowiekowi] jeszcze ...1 jak [---] wolna mowa

Und so und so. Da schlug der verkleidete Polizist den braunen
i tak [dalej] i tak [dalej] wtedy odrzucił 2... [---] przebrany policjant [---] brązowy

Mantel zurück und zeigte sich, wie er war, in einer hellgrauen Jacke
płaszcz ...2 i pokazał się jak on był w [---] jasnoszarej kurtce

mit roten Abzeichen und einem Band.
z czerwoną odznaką i [---] opaską

"Jetzt, guter Freund", sagte er, "jetzt kommt mit mir!"
teraz dobry przyjacielu powiedział on teraz chodźcie ze mną

Da stellte sich der Mann, als er an der Uniform den Polizisten
wtedy pokazał się [---] mężczyzna kiedy on po [---] mundurze [---] policjanta

erkannte, auf einmal wie umgewendet.
rozpoznał naraz jak odwrócony [zmienił zdanie]

"Guter Freund", sagte er, "Ihr werdet doch meinen Spaß nicht für
dobry przyjacielu powiedział on wy będziecie przecież mój żart nie na

Ernst angesehen haben und nicht erst heute auf die Welt gekommen
serio widziany mieć i nie dopiero dziś na [---] świat przybyliście

sein. Ich sehe schon", sagte er, "wir müssen eine Flasche miteinander
[---] ja widzę już powiedział on my musimy [---] butelkę ze sobą

trinken, dass Ihr mich besser kennenlernt", und bestellte noch eine
wypić żebyście wy mnie lepiej poznali i zamówił jeszcze jedną

Flasche und winkte der Wirtin: "Vom Guten." Der Polizist aber sagte:
butelkę i skinął [---] gospodyni z dobrego [wina][---] policjant ale powiedział

"Ich habe keinen Wein mit Euch zu trinken", und fasste ihn oben
ja mam żadne wino z wami do picia i chwycił go u góry

am Arm, und fort zur Türe hinaus. Unterwegs fuhr der
za ramię i precz za drzwi po drodze kontynuował 3... [---]

Festgenommene fort zu reden:
aresztowany ...3 [---] mówić

"Ihr meint zum Beispiel, ich sei ein Feind von Abgaben, weil ich über
wy myślicie na przykład ja jestem [---] wrogiem [---] podatków ponieważ ja na

die Abgaben geschimpft habe. Aber nein, ich will Euch das Gegenteil
[---] podatki wygadywałem [---] ale nie, ja chcę wam [---] przeciwieństwo

beweisen, denn Ihr seid auch eine Amtsperson, und ich habe vor
udowodnić ponieważ wy jesteście też [---] osoba urzędową i ja mam przed

Leuten wie Euch Respekt." Dabei zog er einen Kronentaler aus der
ludźmi jak wy respekt przy tym wyciągnął on jednego talara z [---]

Tasche und wollte sich damit loskaufen. Aber der Polizist sagte:
kieszeni i chciał się tym wykupić ale [---] policjant powiedział

"Ihr habt mir keine Abgaben zu bezahlen." Eine Gasse weiter
wy macie mi żadne podatki do zapłacenia jedną uliczkę dalej

fuhr der Festgenommene fort:
kontynuował 1... [---] aresztowany ...1

"Ich wette, Ihr seid noch nicht verheiratet und habt für keine Frau,
ja założę się wy jesteście jeszcze nie żonaci i macie o żadną żonę

noch für Kinder zu sorgen, weil Ihr keine Abgabe von mir braucht.
ani o dzieci do troszczenia ponieważ wy żadnego podatku ode mnie potrzebujecie

für etwas zu sorgen/bezahlen haben = musieć troszczyć się o coś/płacić za coś

Ich will Euch zu einem schönen Mädel führen." Der Polizist
ja chcę was do jednej pięknej dziewczyny zaprowadzić [---] policjant

erwiderte:
odparł

"Ihr habt mich zu keinem Mädel zu führen, aber ich Euch zu einem
wy macie mnie do żadnej dziewczyny do zaprowadzenia ale ja was do pewnego

Mann."
mężczyzny

Als sie aber miteinander in den Polizeihof und vor den Herrn
kiedy oni ale razem do [---] posterunku policji i przed [---] pana

Stadtvogt gekommen waren, fing der Stadtvogt an laut zu lachen,
wójta przybyli [---] zaczął 2... [---] wójt ...2 głośno [---] śmiać się

da er ein recht lustiger Mann ist, und sagte:
ponieważ on [---] prawdziwie wesołym człowiekiem jest i powiedział

"Welcher von Euch zweien bringt den anderen?"
który z was dwóch przyprowadza [---] drugiego

Denn es ist jetzt Zeit, dem lieben Leser zu sagen, dass der
ponieważ [---] jest teraz czas [---] drogiemu czytelnikowi [---] powiedzieć że [---]

Festgenommene selber ein alter Polizeibeamter war. Er hatte sich
aresztowany sam [---] starym urzędnikiem policyjnym był on [---] się

verkleidet und war dem Neuen nachgegangen, nur um ihn zu prüfen,
przebrał i [---] [---] nowego śledził tylko żeby 3... go ...3 sprawdzić

ob er seine Pflicht tut. Deswegen sagte der Stadtvogt:
czy on swój [jego] obowiązek spełnia dlatego powiedział [---] wójt

"Welcher von Euch zweien bringt den andern?"
który z was dwóch przyprowadza [---] drugiego

Der junge Polizist wollte anfangen, der alte aber, der vermeintliche
[---] młody policjant chciał zacząć [---] stary ale [---] domniemany

Festgenommene, schaute ihn gebieterisch an und sagte:
aresztowany spojrzał 1... [na] niego władczo ...1 i powiedział

"Jetzt rede ich zuerst, ich bin älter im Dienst. Euer Gnaden,
teraz mówię ja najpierw ja jestem starszy w służbie wasze łaski [panie dobrodzieju]
Herr Stadtvogt", sagte er, "dieser junge Mann ist erprobt, und wir
panie wójcie powiedział on ten młody człowiek jest wypróbowany i my
können uns verlassen auf ihn; denn er hat mich gewissenhaft
możemy się zdać [polegać] na niego ponieważ on [---] mnie sumiennie
festgenommen und hat sich nicht von mir bestechen oder
zaaresztował i [---] się nie przeze mnie przekupić czy
breitschlagen lassen, weder mit Wein, noch mit Geld, noch mit
namówić dał ani (z) winem ani (z) pieniędzmi ani (z)
Weibern."
kobietami
Da lächelte der Stadtvogt gar freundlich. Übrigens, an einem
wtedy uśmiechnął się [---] wójt nawet przyjaźnie zresztą na [---]
solchen Ort mag es nicht gut sein, ein Spitzbube zu sein, wo sogar ein
takim miejscu mogłoby nie dobrze być [---] łotrem [---] być gdzie nawet [---]
Polizist dem andern nicht trauen darf.
policjant [---] drugiemu nie ufać może

Diese Geschichte hat mir der Jüngere der beiden erzählt. Er ist jetzt
tę historię [---] mi [---] młodszy [z] [---] dwóch opowiedział on jest teraz
in Dresden und er hat mir zum Andenken einen schönen Pfeifenkopf
w Dreźnie i on [---] mi na pamiątkę [---] piękną główkę fajki
aus Dresden geschickt. Ein flotter Bub ist darauf und ein
z Drezna wysłał [---] zwinny chłopiec jest na niej i [---]
entzückendes Mädchen und sie machen etwas miteinander.
urocza dziewczynka i oni robią coś razem

Franziska
Franciszka

In einem unscheinbaren Dörfchen am Rhein saß eines Abends, als es
w pewnej niepozornej wiosce przy Renie siedział pewnego wieczoru kiedy [---]
schon dunkeln wollte, ein armer junger Mann, ein Weber, noch an
już ściemniać się chciało [---] biedny młody człowiek [---] tkacz jeszcze przy
dem Webstuhl und dachte während der Arbeit unter anderem an den
[---] krośnie i myślał podczas [---] pracy między innymi o [---]
König Hiskias, hernach an Vater und Mutter, deren Lebensfaden
królu Hiskias później o ojcu i matce których pasmo życia

auch schon von der Spule abgelaufen war, danach an den seligen
też już od [---] szpuli upłynęło [---] potem o [---] świętej pamięci

Großvater, dem er einst auch noch auf den Knien gesessen hatte und
dziadku któremu on kiedyś też jeszcze na [---] kolanach siedział [---] i

an das Grab gefolgt war, und war so vertieft in seinen Gedanken und
do [---] grobu był posłuszny [---] i był tak pogrążony w swoich [jego] myślach i

in seine Arbeit, dass er gar nichts davon merkte, wie eine schöne
w swojej [jego] pracy że on zupełnie nic z tego zauważył jak [---] piękna

Kutsche mit vier stattlichen Schimmeln vor seinem Häuschen anfuhr
dorożka z czterema okazałymi siwkami przed jego domkiem podjechała

und anhielt.
i zatrzymała się

Als aber etwas an der Türfalle druckte, und ein holdes, jugendliches
kiedy ale coś na [---] klamkę nacisnęło i jakaś miła młoda

Wesen trat herein von weiblichem Aussehen mit wallenden, schönen
istota weszła do środka o kobiecym wyglądzie z falującymi pięknymi

Haarlocken und in einem langen, himmelblauen Gewand, und das
lokami i w [---] długiej błękitnej szacie i [---]

freundliche Wesen fragte ihn mit mildem Ton und Blick:
przyjazna istota zapytała go (z) łagodnym tonem i spojrzeniem

"Kennst du mich, Heinrich?" da war es, als ob er plötzlich aus einem
znasz ty mnie Henryku wtedy było to jakby on nagle z [---]

tiefen Schlaf aufwache, und war so erschrocken, dass er nichts reden
głębokiego snu obudził(by) się i był tak wystraszony że on nic mówić

konnte. Denn er meinte, es sei ihm ein Engel erschienen, und es war
mógł ponieważ on myślał [---] [---] mu [---] anioł ukazał się i to było

auch so etwas von der Art, nämlich seine Schwester Franziska, und sie
też coś takiego z [---] rodzaju mianowicie jego siostra Franciszka i ona

lebte noch!
żyła jeszcze

Einst hatten sie manches Körbchen voll Holz barfuß miteinander
kiedyś [---] oni niejeden koszyczek pełen drewna boso razem

aufgelesen, manches Binsenkörbchen voll Erdbeeren am Sonntag
zebrali niejeden rogożynowy koszyczek pełen truskawek w niedzielę

miteinander gepflückt und in die Stadt getragen und auf dem
razem zerwali i do [---] miasta nieśli i w [---]

Heimweg ein Stücklein Brot miteinander gegessen, und jeder aß
drodze do domu [---] kawałeczek chleba razem jedli a każdy jadł

weniger davon, damit der andere genug bekäme. Als aber nach des
mniej z tego aby [---] drugi wystarczająco dostał(by) kiedy ale po [---]

Vaters Tod die Armut und das Handwerk die Brüder aus der
taty śmierci [---] bieda i [---] rzemiosło [---] braci z [---]

43

elterlichen Hütte in die Fremde geführt hatte, blieb Franziska allein
rodzinnej   chaty   na [---] obczyznę zaprowadziły [---] pozostała 1... Franciszka   sama

bei der alten, gebrechlichen Mutter zurück und pflegte   sie, so dass
przy [---] starej   niedołężnej   matce   ...1   i opiekowała się nią tak że

sie ihre   Mutter von dem kärglichen Verdienst ernährte, den sie in
ona swoją [jej] matkę   z   [---]   nędznego   zarobku   żywiła   który ona w

einer Spinnfabrik erwarb. Und in den langen, schlaflosen Nächten
[---] fabryce przędzy zdobywała a w [---] długich   bezsennych   nocach

wachte sie mit ihr und las aus einem alten, zerrissenen Buch über
czuwała ona z   nią   i czytała ze   [---]   starej   podartej   książki o

Holland, von den schönen Häusern, von den großen Schiffen, von der
Holandii   o [---] pięknych   domach   o [---] wielkich   statkach   o [---]

grausamen Seeschlacht bei Doggersbank, und ertrug das Alter und die
okrutnej   bitwie morskiej   na   Ławicy Dogger   i   znosiła [---] starość i [---]

Wunderlichkeit der kranken Frau mit kindlicher Geduld. Einmal aber,
dziwactwo   [---]   chorej   kobiety z   dziecięcą cierpliwością   raz   ale

früh um zwei Uhr,   sagte die Mutter:
wcześnie o drugiej godzinie powiedziała [---]   matka

"Bete mit mir, meine Tochter! Diese Nacht   hat für mich keinen
módl się ze mną   moja   córko   ta   noc [nie] ma dla mnie żadnego

Morgen mehr auf dieser Welt." Da betete und schluchzte und küsste
ranka   więcej na   tym świecie wtedy modliło się i   szlochało   i całowało

das arme Kind die sterbende Mutter, und die Mutter sagte:
[---] biedne dziecko [---] umierającą   matkę   a   [---] matka powiedziała

"Gott segne   dich und " -- und nahm die letzte Hälfte ihres
Bóg niech błogosławi cię   i   i wzięła [---] ostatnią połowę   jej

Muttersegens " und belohne dich für all deine Mutterliebe!" -- mit
błogosławieństwa matki i niech nagrodzi   cię   za całą twoją matczyną miłość   (z)

sich in die Ewigkeit.
sobą w [---] wieczności

Als aber die Mutter begraben   und Franziska in das leere Haus
kiedy ale [---] matka pochowana [była] a   Franciszka do [---] pustego domu

zurückgekommen war und betete und weinte und dachte, was jetzt
wróciła   [---] i modliła się i płakała i myślała co teraz

aus ihr werden sollte, sagte etwas in ihrem Inneren zu ihr: "Geh nach
z nią stać się powinno powiedziało coś w jej wnętrzu do niej idź do

Holland!" Und ihr Haupt und ihr Blick richtete sich langsam und
Holandii   i jej głowa i jej wzrok skierował się   powoli i

sinnend empor, und die letzte Träne für diesmal blieb   ihr in dem
w zadumie w górę i [---] ostatnia łza na ten raz zatrzymała się 2... jej w [---]

blauen Auge stehen.
niebieskim oku   ...2

44

Als sie von Dorf zu Stadt und von Stadt zu Dorf betend und bettelnd
kiedy ona ze wsi do miasta i z miasta do wsi modląc się i żebrząc

und Gott vertrauend nach Holland gekommen war und so viel
i Bogu ufając do Holandii przybyła [---] i tak wiele

ersammelt hatte, dass sie sich ein sauberes Kleidchen kaufen konnte,
zebrała [---] że ona sobie [---] czystą sukienkę kupić mogła

in Rotterdam, als sie einsam und verlassen durch die wimmelnden
w Rotterdamie kiedy ona samotna i opuszczona przez [---] rojące się

Strassen wandelte, sagte wieder etwas in ihrem Inneren zu ihr:
ulice chodziła powiedziało znowu coś w jej wnętrzu do niej

"Geh in jenes Haus dort mit den vergoldeten Gittern am Fenster! "
idź do tamtego domu tam z [---] pozłacanymi kratkami przy oknie

Als sie aber durch den Hausgang an der Marmortreppe vorbei in den
kiedy ona ale przez [---] korytarz przy [---] schodach marmurowych obok w [---]
an jemandem/etwas vorbei = obok kogoś/czegoś

Hof gekommen war, denn sie hoffte, zuerst jemand anzutreffen,
podwórze weszła [---] ponieważ ona miała nadzieję najpierw kogoś zastać

ehe sie an einer Stubentüre anklopfte, da stand eine betagte,
zanim ona do [---] drzwi izby zapukała wtedy stanęła [---] w podeszłym wieku

freundliche Frau von vornehmem Aussehen in dem Hofe und fütterte
przyjazna pani o eleganckim wyglądzie w [---] podwórzu i karmiła

das Geflügel, die Hühner, die Tauben und die Pfauen.
[---] drób [---] kury [---] gołębie i [---] pawie

"Was willst du hier, mein Kind?" Franziska fasste sich ein Herz und
czego chcesz ty tu moje dziecko Franciszka chwyciła sobie [---] serce i
sich (Dativ) ein Herz fassen = zdobyć się na odwagę

erzählte der vornehmen, freundlichen Frau ihre ganze Geschichte:
opowiedziała [---] wytwornej przyjaznej kobiecie swoją [jej] całą historię

"Ich bin auch ein armes Hühnchen, das Eures Brotes bedarf", sagte
ja jestem też [---] biednym kurczęciem które waszego chleba potrzebuje powiedziała

Franziska und bat sie um eine Anstellung im Haus. Die Frau gewann
Franciszka i prosiła ona o jakąś posadę w domu [---] kobieta zyskała

Zutrauen zu der Bescheidenheit und Unschuld und zu dem nassen
zaufanie do [---] skromności i niewinności i do [---] mokrego

Auge des Mädchens und sagte:
oka [---] dziewczynki i powiedziała

"Sei zufrieden, mein Kind! Gott wird dir den Segen deiner Mutter
bądź zadowolona moje dziecko Bóg będzie tobie [---] błogosławieństwo twojej matki

nicht schuldig bleiben. Ich will dir Dienst geben und für dich
nie winnym pozostawać ja chcę tobie służbę dać i o ciebie

45

sorgen, wenn du brav bist."
troszczyć się   jeśli   ty posłuszna będziesz

Denn die Frau dachte: Wer kann wissen, ob nicht der liebe Gott mich
ponieważ [---] kobieta pomyślała   któż   może   wiedzieć czy   nie   [---] dobry   Bóg   mnie

bestimmt hat, den Segen   der sterbenden Mutter zu erfüllen. Sie
wyznaczył   [---]   [---] błogosławieństwo [---]   umierającej   matki   [---] wypełnić   ona

war die Witwe eines reichen Rotterdamer Kaufmanns, von Geburt aber
była [---]   wdową   [---]   bogatego   rotterdamskiego   kupca   z   pochodzenia ale

eine Engländerin. Also wurde Franziska zuerst Hausmagd, und als sie
[---]   Angielka   a więc   została   Franciszka   najpierw służącą domową   a   kiedy ona

sich als gut und treu erwies wurde sie Stubenmagd, und ihre
się jako dobra   i   wierna okazała   została   ona   pokojówką   i   jej

Gebieterin gewann sie lieb, und als sie immer feiner   und verständiger
pani   zyskała   ją   miło   i   kiedy ona   coraz dokładniejsza   i   rozważniejsza
jemanden/etwas lieb gewinnen = polubić kogoś/coś

wurde, wurde sie Kammerdienerin. Aber jetzt ist sie noch nicht alles,
stała się   została   ona   panią kamerdyner   ale   teraz jest ona jeszcze   nie wszystkim

was sie wird.
czym ona stanie się

Im Frühling, als die Rosen blühten, kam aus Genua ein Vetter der
na wiosnę   kiedy [---]   róże   kwitły   przybył z   Genui   [---] kuzyn [---]

vornehmen Frau, ein junger Engländer, zu ihr auf Besuch nach
wytwornej   kobiety   [---]   młody   Anglik   do niej w odwiedziny do

Rotterdam. Er besuchte sie fast alle Jahre um diese Zeit, und als sie
Rotterdamu   on   odwiedzał   ją prawie   co roku   o   tym czasie   i   kiedy oni

über Dies und Jenes redeten und der Vetter erzählte, wie es aussah, als
o   tym   i   tamtym rozmawiali   i   [---]   kuzyn   opowiadał   jak to wyglądało kiedy

die Franzosen vor Genua in dem engen Pass in der Bocchetta standen
[---]   Francuzi   przed   Genuą w   [---]   wąskiej przełęczy w   [---]   Bocchetta   stanęli

und die Österreicher davor, trat   heiter und lächelnd, mit allen Reizen
i   [---]   Austriacy   przed tym wstąpiła pogodna   i   uśmiechnięta (ze) wszystkimi wdziękami

der Jugend und Unschuld geschmückt, Franziska in das Zimmer, um
[---]   młodości   i   niewinności   przystrojona   Franciszka do   [---]   pokoju   aby

etwas aufzuräumen oder zurechtzulegen, und dem jungen Engländer,
trochę   posprzątać   czy   poukładać   a   [---] młodemu   Anglikowi

als er sie erblickte, wurde es sonderbar um das Herz, und die
kiedy on   ją   ujrzał   stało się   [---]   dziwnie   koło   [---] serca   a   [---]

Franzosen und Österreicher verschwanden ihm aus den Sinnen.
Francuzi   i   Austriacy   zniknęli   mu   z   [---]   myśli

"Tante", sagte er, "Ihr habt ein bildschönes Mädchen als Dienerin.
ciociu   powiedział on   wy   macie   [---]   prześliczną   dziewczynę za   służącą

46

Es ist schade, dass sie nicht mehr ist als das." Die Tante sagte:
[---] jest szkoda że ona nie więcej jest niż tym [---] ciotka powiedziała

"Sie ist eine arme Waise aus Deutschland. Sie ist nicht nur schön,
ona jest [---] biedną sierotą z Niemiec ona jest nie tylko piękna

sondern auch verständig, und nicht nur verständig, sondern auch
lecz też rozważna i nie tylko rozważna lecz także

fromm und tugendhaft und ist mir lieb geworden als wäre sie mein
pobożna i cnotliwa i [---] mi droga stała się jak byłaby ona moim

Kind."
dzieckiem

Der Vetter dachte: Das hört sich gut an. Den nächsten oder dritten
[---] kuzyn pomyślał to wysłuchuje 1... się dobrze ...1 [---] następnego czy trzeciego

Morgen aber, als er mit der Tante in dem Garten spazierte:
ranka jednak kiedy on z [---] ciotką w [---] ogrodzie spacerował

das hört sich gut an = to brzmi dobrze

"Wie gefällt dir dieser Rosenstock?" fragte die Tante; der Vetter sagte:
jak podoba się tobie ten krzew róży zapytała [---] ciotka [---] kuzyn powiedział

"Sie ist schön, sehr schön." Die Tante sagte:
ona jest piękna bardzo piękna [---] ciotka powiedziała

"Vetter, du redest wirr. Wer ist schön? Ich frage ja nach dem
kuzynie ty mówisz niejasno kto jest piękny ja pytam przecież o [---]

Rosenstock." Der Vetter erwiderte: "Die Rose",
krzew róży [---] kuzyn odrzekł [---] róża

—"oder vielmehr die Franziska?" fragte die Tante. "Ich hab's schon
czy raczej [---] Franciszka zapytała [---] ciotka ja [---] to już

gemerkt", sagte sie. Der Vetter gestand ihr seine Liebe zu dem
zauważyłam powiedziała ona [---] kuzyn wyznał jej swoją [jego] miłość do [---]

Mädchen, und dass er sie heiraten möchte. Die Tante sagte:
dziewczyny i że on ją poślubić chciałby [---] ciotka powiedziała

"Vetter, du bleibst noch drei Wochen bei mir. Wenn es dir dann
kuzynie ty zostajesz jeszcze trzy tygodnie u mnie jeśli to tobie potem

immer noch so ist, so habe ich nichts dagegen. Das Mädchen ist
ciągle jeszcze tak będzie to mam ja nic przeciw temu [---] dziewczyna jest

eines braven Mannes wert." Nach drei Wochen aber sagte er:
[---] poczciwego mężczyzny warta po trzech tygodniach ale powiedział on

"Es ist mir nicht mehr so wie vor drei Wochen. Es ist noch viel
[---] jest mi już nie tak jak przed trzema tygodniami to jest jeszcze o wiele

heftiger, und ohne das Mädchen weiß ich nicht, wie ich leben soll."
silniejsze i bez [---] dziewczyny wiem ja nie jak ja żyć mam

Also geschah es. Aber es gehörte viel Zureden dazu, die demütige,
więc zdarzyło się [---] ale to wymagało wiele przekonywań do tego [---] pokorną

fromme Magd zu ihrer Einwilligung zu bewegen. Jetzt blieb sie noch
pobożną służącą do jej zgody [---] skłonić teraz została ona jeszcze

ein Jahr bei ihrer bisherigen Gebieterin, aber nicht mehr als
jeden rok u swojej [jej] dotychczasowej władczyni ale już nie jako

Kammermädchen, sondern als Freundin und Verwandte in dem
pani kamerdyner lecz jako przyjaciółka i krewna w [---]

reichen Haus mit vergoldetem Fenstergitter, und noch in dieser Zeit
bogatym domu z pozłacanymi kratami okiennymi i jeszcze w tym czasie

lernte sie die englische Sprache, die französische, das Klavierspielen:
uczyła się ona [---] angielskiego języka [---] francuskiego [---] gry na pianinie

"Wenn wir in höchsten Nöten sein" usw. "Der Herr, der aller Enden"
gdy my w najwyższych potrzebach jesteśmy itd. [---] pan [---] wszystkich końców

usw. "Auf dich, mein lieber Gott, ich traue" usw. Und was sonst noch
itd. na tobie mój kochany Boże ja polegam itd. i co zazwyczaj jeszcze

ein Kammermädchen nicht zu wissen braucht, aber eine vornehme
[---] pani kamerdyner nie [---] wiedzieć potrzebuje ale [---] dystyngowana

Frau, das lernte sie alles.
kobieta tego uczyła się ona wszystkiego

Nach einem Jahr kam der Bräutigam, noch ein paar Wochen vorher,
po [---] roku przybył [---] narzeczony jeszcze kilka tygodni wcześniej

und die Trauung geschah in dem Hause der Tante. Als aber von der
i [---] ślub zdarzył się w [---] domu [---] ciotki kiedy jednak o [---]

Abreise des neuen Ehepaars die Rede war, schaute die junge Frau
odjeździe [---] nowej pary małżeńskiej [---] mowa była spojrzała 1... [---] młoda kobieta [na]

ihren Gemahl bittend an, dass sie noch einmal in ihrer armen
swojego [jej] małżonka prosząco ...1 że ona jeszcze raz do jej biednej

Heimat einkehren und das Grab ihrer Mutter besuchen und ihr
ojczyzny wstąpić i [---] grób swojej [jej] matki odwiedzić i jej

danken möchte, und dass sie ihre Geschwister und Freunde noch
podziękować chciałaby i że ona swoje [jej] rodzeństwo i przyjaciół jeszcze

einmal sehen möchte.
raz zobaczyć chciałaby

Also kehrte sie jenen Tage bei ihrem armen Bruder, dem Weber, ein,
więc wstąpiła 2... ona tamtego dnia do jej biednego brata [---] tkacza ...2

und als er ihr auf ihre Frage: "Kennst du mich, Heinrich?" keine
i kiedy on jej na jej pytanie znasz ty mnie Henryku żadną

Antwort gab, sagte sie:
odpowiedź dał powiedziała ona

"Ich bin Franziska, deine Schwester."
ja jestem Franciszka twoja siostra

48

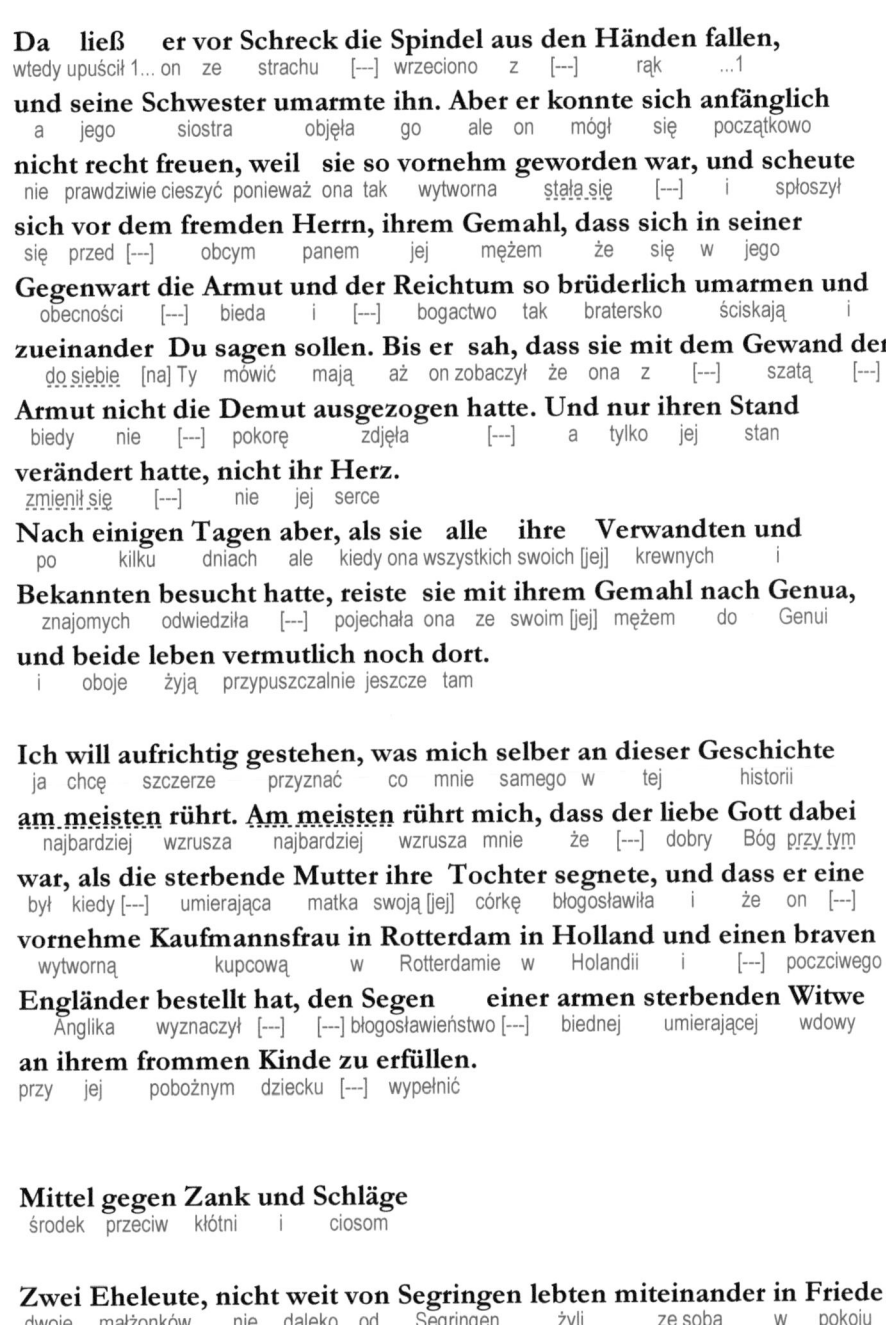

Da ließ er vor Schreck die Spindel aus den Händen fallen,
wtedy upuścił 1... on ze strachu [---] wrzeciono z [---] rąk ...1

und seine Schwester umarmte ihn. Aber er konnte sich anfänglich
a jego siostra objęła go ale on mógł się początkowo

nicht recht freuen, weil sie so vornehm geworden war, und scheute
nie prawdziwie cieszyć ponieważ ona tak wytworna stała się [---] i spłoszył

sich vor dem fremden Herrn, ihrem Gemahl, dass sich in seiner
się przed [---] obcym panem jej mężem że się w jego

Gegenwart die Armut und der Reichtum so brüderlich umarmen und
obecności [---] bieda i [---] bogatwo tak bratersko ściskają i

zueinander Du sagen sollen. Bis er sah, dass sie mit dem Gewand der
do siebie [na] Ty mówić mają aż on zobaczył że ona z [---] szatą [---]

Armut nicht die Demut ausgezogen hatte. Und nur ihren Stand
biedy nie [---] pokorę zdjęła [---] a tylko jej stan

verändert hatte, nicht ihr Herz.
zmienił się [---] nie jej serce

Nach einigen Tagen aber, als sie alle ihre Verwandten und
po kilku dniach ale kiedy ona wszystkich swoich [jej] krewnych i

Bekannten besucht hatte, reiste sie mit ihrem Gemahl nach Genua,
znajomych odwiedziła [---] pojechała ona ze swoim [jej] mężem do Genui

und beide leben vermutlich noch dort.
i oboje żyją przypuszczalnie jeszcze tam

Ich will aufrichtig gestehen, was mich selber an dieser Geschichte
ja chcę szczerze przyznać co mnie samego w tej historii

am meisten rührt. Am meisten rührt mich, dass der liebe Gott dabei
najbardziej wzrusza najbardziej wzrusza mnie że [---] dobry Bóg przy tym

war, als die sterbende Mutter ihre Tochter segnete, und dass er eine
był kiedy [---] umierająca matka swoją [jej] córkę błogosławiła i że on [---]

vornehme Kaufmannsfrau in Rotterdam in Holland und einen braven
wytworną kupcową w Rotterdamie w Holandii i [---] poczciwego

Engländer bestellt hat, den Segen einer armen sterbenden Witwe
Anglika wyznaczył [---] [---] błogosławieństwo [---] biednej umierającej wdowy

an ihrem frommen Kinde zu erfüllen.
przy jej pobożnym dziecku [---] wypełnić

Mittel gegen Zank und Schläge
środek przeciw kłótni i ciosom

Zwei Eheleute, nicht weit von Segringen lebten miteinander in Friede
dwoje małżonków nie daleko od Segringen żyli ze sobą w pokoju

und Liebe, davon abgesehen, dass sie bisweilen einen kleinen
i miłości to pomijając że oni niekiedy [---] małą

Wortwechsel bekamen, wenn der Mann einen Rausch hatte. Dann gab
sprzeczkę otrzymywali kiedy [---] mężczyzna [---] upojenie miał wtedy dawało

ein Wort das andere. Das letzte aber gab gewöhnlich blaue Flecke.
jedno słowo [---] drugie [---] ostatnie ale dawało zwykle niebieskie plamy [siniaki]

Zum Beispiel: "Frau", sagte der Mann, "die Suppe ist wieder nicht
na przykład żono powiedział [---] mężczyzna [---] zupa jest znowu nie

genug gesalzen, und ich hab' dir's doch schon so oft gesagt."
dość posolona a ja [---] tobie to przecież już tak często mówiłem

Die Frau sagt:
[---] kobieta mówi

"Mir ist sie so eben recht." Der Mann bekommt etwas Röte
mi jest ona tak właśnie odpowiednia [---] mężczyzna dostaje trochę rumieńców

im Gesicht.
na twarzy

"Du unverständiges Maul, ist das eine Antwort einer Frau gegen ihren
ty nierozumna gębo jest to [---] odpowiedź [---] żony wobec jej

Mann? Soll ich mich nach dir richten?" Die Frau erwidert:
męża mam ja się do ciebie dostosować [---] kobieta odpowiada

"Draußen in der Küche ist das Salzfass. Das nächste Mal koch' dir
na zewnątrz w [---] kuchni jest [---] solniczka [---] następny raz gotuj sobie

selber, oder sieh, wer dir kocht." Der Mann wird flammenrot und
sam albo zobacz kto ci gotuje [---] mężczyzna staje się czerwony jak ogień i

wirft der Frau die Suppe samt dem Teller vor die Füße.
rzuca [---] żonie [---] zupę wraz z [---] talerzem przed [---] stopy

"Da, friss den Fraß selber!"
to zeżryj [---] żarcie sama

Jetzt läuft es bei der Frau an, wie wenn man bei der Mühle den
teraz narasta 1... [---] u [---] kobiety ...1 jak kiedy [---] w [---] młynie [---]

Wasserzulauf öffnet und das Wasser fließt los und alle Mühlräder
dopływ wody otwiera się i [---] woda wypływa a wszystkie koła młyńskie

laufen an, und sie überschüttet ihn mit Beleidigungen und
ruszają i ona obsypuje go (z) obelgami i

Schimpfnamen, die kein Mann gern hört, am wenigsten von einer
przezwiskami których żaden mężczyzna chętnie słucha najmniej od [---]

Frau, am allerwenigsten von seiner eigenen. Der Mann aber sagt:
kobiety a już najmniej od swojej [jego] własnej [---] mężczyzna ale mówi

"Ich seh' schon, ich muss dir den Rücken wieder ein wenig blau
ja widzę już ja muszę tobie [---] plecy znowu trochę niebiesko

anstreichen mit dem großen Weidenruten-Pinsel."
pomalować za pomocą [---] wielkiego z rózg wierzbowych pędzla

Solcher Liebkosungen endlich müde, ging die Frau zum Pfarrer und
takimi czułościami w końcu zmęczona poszła [---] kobieta do proboszcza i

klagte ihm ihre Not. Der Herr Pfarrer, der ein feiner und kluger
poskarżyła się mu [na] jej biedę [---] ksiądz dobrodziej który [---] dokładnym i mądrym

junger Mann war, merkte bald, dass die Frau durch Widersprechen
młodym mężczyzną był zauważył szybko że [---] kobieta przez sprzeciwianie się

und Schimpfen gegen ihren Mann selber schuld an ihren
i ubliżanie wobec jej męża sama winna (za) jej

Misshandlungen war.
złego traktowania była

"Hat Euch mein seliger Vorfahr' nie von dem geweihten Wasser
[czy][---] wam mój świętej pamięci [tu:] poprzednik nigdy ze [---] święconej wody

gegeben?" sagte er. "Kommt in einer Stunde wieder zu mir!"
dał powiedział on przyjdźcie za [---] godzinę znów do mnie

Unterdessen goss er reines, frisches Brunnenwasser in ein Fläschlein,
tymczasem nalał on czystej świeżej wody studziennej do [---] buteleczki

versüßte es mit Zucker und ließ ein Tröpfchen Rosenöl hinein
osłodził ją (z) cukrem i pozwolił [---] kropelkę olejku różanego do środka

träufeln, dass es einen lieblichen Geruch annahm.
wkroplić że ona [---] przyjemny zapach przyjęła

"Dieses Fläschlein", sagte er zu ihr, "müsst Ihr in Zukunft immer bei
tę buteleczkę powiedział on do niej musicie wy w przyszłości zawsze przy

Euch tragen, und wenn Euer Mann wieder aus dem Wirtshaus kommt
sobie nosić i jeśli wasz mąż znowu z [---] gospody przyjdzie

und will Euch Vorwürfe machen, so nehmt einen Schluck davon und
i chce wam wyrzuty robić to weźcie jednego łyka z tego i

behaltet ihn im Mund, bis er wieder zufrieden ist. Dann wird seine
zatrzymajcie go w ustach aż on znowu zadowolony będzie wtedy będzie jego

Wunderlichkeit nie mehr in Zorn ausbrechen, und er wird Euch keine
dziwaczność nigdy więcej w złości wybuchać i on będzie wam żadne

Schläge mehr geben können."
ciosy więcej dawać móc

Die Frau befolgte den Rat; das geweihte Wasser bewährte sich,
[---] kobieta posłuchała [---] rady [---] święcona woda sprawdziła się

und die Nachbarsleute sagten oft zu einander: "Unsere Nachbarn
a [---] sąsiedzi mówili często do siebie nasi sąsiedzi

sind ganz anders geworden. Man hört nichts mehr."
[---] całkiem inni stali się słyszy się nic więcej

Mohammed
Mahomet

Dem Mohammed wollten es anfänglich nicht alle glauben, dass er ein
[---] Mahometowi chcieli [w] to początkowo nie wszyscy wierzyć że on [---]

Prophet sei, weil er noch kein Wunder getan hatte wie Elias. Dazu
prorokiem jest ponieważ on jeszcze żaden cud uczynił [---] jak Eliasz do tego

sagte Mohammed ganz gleichgültig, wie einer, der eine Pfeife Tabak
powiedział Mahomet całkiem obojętnie jak jeden który [---] fajkę tytoniu

raucht und etwas dazu redet, "das Wunder", sagte er, "macht den
pali i coś do tego mówi [---] cud powiedział on czyni 1... [---]

Propheten noch nicht aus. Wenn ihr's aber verlangt, so werden ich
proroka jeszcze nie ...1 jeśli wy tego ale żądacie to [---] ja

und jener Berg dort in kurzer Zeit beieinander sein."
i tamta góra tam w krótkim czasie obok siebie będziemy

Dabei deutete er auf einen Berg, der etwa eine Stunde weit entfernt
przy tym wskazał on na [---] górę która około jedną godzinę daleko oddalona

war, und rief ihm mit gebietender Stimme, dass der Berg sich soll
była i zawołał [do] niej (z) nakazującym głosem że [---] góra się ma

von seiner Stätte erheben und zu ihm kommen. Als aber dieser keine
ze swojego miejsca podnieść i do niego przyjść kiedy jednak ta żaden

Bewegung machen und keine Antwort geben wollte -- keine Antwort
ruch zrobić i żadną odpowiedź dać chciała brak odpowiedzi

ist auch eine Antwort -- so ergriff Mohammed sanftmütig seinen Stab
jest też [jakąś] odpowiedzią więc chwycił Mahomet łagodnie swoją [jego] laskę

und ging zum Berg, womit er ein denkwürdiges und
i poszedł do góry czym on [---] godny uwagi i

nachahmungswertes Beispiel gab -- auch für solche Leute, die keine
godny naśladowania przykład dał też dla takich ludzi którzy żadnymi

Propheten sein wollen. Nämlich, dass man dasjenige, was man selbst
prorokami być chcą mianowicie że [---] to co [---] samemu

tun kann, nicht von einem wunderbaren Ereignis oder von Zeit und
zrobić można nie od [---] cudownego zdarzenia czy od czasu i

Glück oder von andern Menschen verlangen soll.
szczęścia lub od innych ludzi żądać powinno się

Z.B. hast du etwas Notwendiges und Wichtiges mit jemandem zu
np. masz ty coś koniecznego i ważnego z kimś do

reden, so warte nicht, bis er zu dir kommt. Viel schneller und
pomówienia to czekaj nie aż on do ciebie przyjdzie o wiele szybciej i

vernünftiger gehst du zu ihm. Ein hübscher Kirschbaum im Garten
rozsądniej pójdziesz ty do niego [---] ładne drzewo wiśni w ogrodzie

wäre eine schöne Sache. Das Plätzchen eignet sich dazu. Warte nicht,
byłoby [---] piękną rzeczą [---] placyk nadaje się do tego czekaj nie

bis er von selber wächst, sondern setze einen! Ferner, ein
aż ono od siebie [samo] urośnie lecz posadź jedno dalej [---]

Abwassergraben, ein guter Weg durch das Dorf, wenigstens ein
rów ściekowy [---] dobra droga przez [---] wieś przynajmniej [---]

trockener Fußweg, ein Geländer am Wasser oder an einem schmalen
sucha ścieżka dla pieszych [---] poręcz przy wodzie lub przy [---] wąskiej

Steg, damit die Kinder nicht hineinfallen, kommt viel eher zustande,
kładce aby [---] dzieci nie wpadały dochodzi o wiele wcześniej do skutku

wenn man ihn macht, als wenn man ihn nicht macht. Man sollte nicht
kiedy [---] go zrobi się niż kiedy [---] go nie zrobi się powinno się nie

glauben, dass es Leute gibt, denen erst ein arabischer Prophet oder
wierzyć że [---] ludzie są którym dopiero [---] arabski prorok lub

ein Kalenderschreiber so etwas erklären muss. Selbst der
[---] twórca kalendarzy takie coś wyjaśnić musi sam [---]

Kalenderschreiber, der doch einem Propheten nicht viel
twórca kalendarzy który przecież [---] prorokowi nie wiele

nachsteht, — es ließe sich noch ein Wort mehr sagen, — verlangt
ustępuje [---] dałoby się jeszcze jedno słowo więcej powiedzieć żąda

nicht, dass das alte Jahr fortdauern soll, bis der neue Kalender fertig
nie że [---] stary rok trwać dalej ma aż [---] nowy kalendarz gotowy

ist, sondern er schreibt den neuen, wenn das alte noch andauert.
będzie lecz on pisze [---] nowy kiedy [---] stary jeszcze trwa

Moses Mendelssohn
Mojżesz Mendelssohn

Moses Mendelssohn war jüdischer Religion und Angestellter bei
Mojżesz Mendelssohn był żydowskiej religii i pracownikiem u

einem Kaufmann, der offenbar das Schießpulver nicht erfunden hat.
pewnego kupca który ewidentnie [---] prochu strzelniczego nie wynalazł [---]

Dabei war er aber ein sehr frommer und weiser Mann und wurde
przy tym był on ale [---] bardzo pobożnym i mądrym człowiekiem i stał się

daher von den angesehensten und gelehrtesten Männern hochgeachtet
stąd przez [---] najbardziej cenionych i najbardziej wyuczonych ludzi wysoce poważany

und geliebt. Und das ist recht. Denn man muss um des Bartes willen
i lubiany i to jest słuszne bowiem trzeba ze względu na brodę

den Kopf nicht verachten, an dem er wächst. Dieser Moses
[---] głową nie gardzić na której ona rośnie ten Mojżesz

Mendelssohn gab unter anderem von der Zufriedenheit mit seinem
Mendelssohn dał między innymi z [---] zadowolenia ze swojego

Schicksal folgenden Beweis. Als eines Tages ein Freund zu ihm kam
losu następujący dowód kiedy pewnego dnia [---] przyjaciel do niego przyszedł

und er eben an einer schweren Rechnung schwitzte, sagte dieser:
i on właśnie przy jednym trudnym rachunku pocił się powiedział ten

"Es ist doch schade, guter Moses, und ist unverantwortlich, dass ein
to jest przecież szkoda dobry Mojżeszu i jest nieodpowiedzialne że [---]

so verständiger Kopf, wie Ihr seid, einem Mann dienen muss, der
tak rozumna głowa jak wy jesteście [---] człowiekowi służyć musi który

Euch das Wasser nicht reichen kann. Seid Ihr nicht am kleinen Finger
wam [---] wodę nie podać może jesteście wy nie w małym palcu

klüger, als er am ganzen Körper?"
mądrzejsi niż on w całym ciele

jemandem das Wasser nicht reichen können = nie sięgać komuś do pięt

Einem Anderen hätte das im Kopf gewurmt;   er hätte Feder und
[---] innemu [---] to w głowie gryzłoby [dręczyłoby] on [---] pióro i

mich wurmte der Gedanke, dass... = męczyła mnie myśl, że...

Tintenfass mit ein paar Flüchen hinter den Ofen geworfen und seinem
kałamarz z paroma przekleństwami za [---] piec rzuciłby i swojemu

Herrn gekündigt,   auf der Stelle.   Aber der verständige
panu wypowiedziałby [umowę] z [---] miejsca [od razu] ale [---] mądry

Mendelssohn ließ   das Tintenfass stehen, steckte die Feder hinter
Mendelssohn zostawił 1... [---] kałamarz ...1 włożył [---] pióro za

das Ohr, sah   seinen Freund ruhig an und sprach zu ihm:
[---] ucho spojrzał 2... [na] swojego przyjaciela spokojnie ...2 i powiedział do niego

"Das ist recht gut, so wie es ist, und vom Schicksal weise
to jest całkiem dobrze tak jak [---] jest i przez los mądrze

ausgedacht. Denn so kann mein Herr von meinen Diensten viel
wymyślone ponieważ tak może mój pan z moich usług wiele

Nutzen ziehen und ich habe zu leben.   Wäre ich der Herr und er
korzyści czerpać a ja mam do życia [jeśli] byłbym ja [---] panem a on

mein Schreiber, ihn könnte ich nicht brauchen."
moim pisarzem [to] go mógłbym ja nie potrzebować

genug zum Leben haben = mieć wystarczająco pieniędzy na życie

Rettung vor dem Galgen
ratunek przed [---] szubienicą

Eines Tages sagte zu sich selbst ein einfältiger Mensch:
pewnego dnia powiedział do siebie samego [---] prosty człowiek

"Dumm bin ich; wenn ich nun pfiffige Streiche spiele, so wird kein
głupi jestem ja jeśli ja teraz [w] sprytne figle bawię się to będzie żaden

Mensch vermuten, dass ich es bin." Also befasste er sich mit
człowiek przypuszczać że ja to jestem więc zajął on się (z)

Diebstahl. Aber schon nach dem ersten Diebstahl wurde er als Täter
kradzieżą ale już po [---] pierwszej kradzieży został on jako sprawca

entdeckt und festgenommen, weil er die goldene Uhr, die er
odkryty i aresztowany ponieważ on [---] złoty zegarek który on

gestohlen hatte, selber trug und alle Augenblicke herauszog. Einige
ukradł [---] sam nosił i co chwilę wyciągał kilku

Ratsherren meinten, man könnte wegen seiner Einfalt etwas milder
radnych uważało możnaby z powodu jego prostoty trochę łagodniej

mit ihm verfahren als mit Anderen und ihn für ein Jahr oder so ins
z nim postąpić niż z innymi i go na jeden rok czy jakoś tak do

Gefängnis schicken.
więzienia wysłać

"So?" sagten die Anderen, "ist es nicht genug, dass so viele schlaue
tak? powiedzieli [---] inni jest to nie wystarczające że tak wielu sprytnych

Halunken das saubere Handwerk treiben? Soll man für die dummen
łotrów [---] czyste rzemiosło prowadzi [czy] powinno się dla [---] głupich

auch noch Prämien aussetzen, damit alles stiehlt?" und sechs gegen
też jeszcze premie wyznaczać żeby wszystko kradło i sześciu przeciw

fünf sagten: Er muss an den Galgen. Auf der Leiter, als ihm der
pięciu powiedziało on musi na [---] szubienicę na [---] drabinie kiedy mu [---]

Henker den Hals visitierte, sagte er zu ihm:
kat [---] szyję przeglądał powiedział on do niego

"Guter Freund, Ihr habt's ziemlich dick da am Hals. Fast hätt' ich
dobry przyjacielu wy macie tego dość grubo tam przy szyi prawie [---] ja

einen längeren Strick nehmen sollen." Denn wirklich war dem armen
[---] dłuższy sznur wziąć powinienem był ponieważ rzeczywiście [---] [---] biednemu

Schelm das Kinn ziemlich stark mit dem Hals verwachsen, und als der
hultajowi [---] podbródek dość mocno z [---] szyją zrósł się i kiedy [---]

Henker den Strick -- ohnehin ungeschickt -- angebracht hatte und den
oprawca [---] sznur zresztą niezręcznie przymocował [---] i [---]

armen Sünder von der Leiter hinab stieß, rutschte dieser mit dem Kopf
biednego grzesznika z [---] drabiny w dół popchnął wysunął się 1... ten (z) [---] głową

aus der Schlinge heraus und fiel unversehrt herab auf die Erde.
z [---] pętli ...1 i spadł 2... bez szwanku ...2 na [---] ziemię

Einige Zuschauer lachten, aber der größte Teil erschrak und tat einen
kilku widzów śmiało się ale [---] większa część wystraszyła się i zrobiła [---]

lauten Schrei, als ob sie fürchteten, es würde dem Übeltäter, den sie
głośny krzyk jakby oni obawiali się to [---] [---] sprawcy którego oni

doch wollten sterben sehen, schaden. Der Henker stand einige
przecież chcieli umarłego widzieć zaszkodziłoby [---] kat stał kilka

Augenblicke wie versteinert da und sagte endlich:
chwil jak wryty tam i powiedział w końcu

"So etwas ist mir in meinem Leben noch nie passiert." Da sagte der
takie coś [---] mi w moim życiu jeszcze nigdy zdarzyło się wtedy powiedział [---]

Dieb unten auf der Erde kaltblütig und mit gequetschter Stimme:
złodziej na dole na [---] ziemi niewzruszenie i (ze) ściśniętym głosem

"Mir auch nicht", und alle, die es hörten, vergaßen die Ernsthaftigkeit
mnie też nie i wszyscy którzy to słyszeli zapomnieli [---] [o] powadze

einer Hinrichtung, und dass ein armes, schuldiges Geschöpf
[---] egzekucji i że [---] biedne winne stworzenie

ausgelöscht wird, und mussten lachen. Der Henker selber hielt das
unicestwione będzie i musieli śmiać się [---] kat sam chwycił [---]

Taschentuch vor den Mund und sah auf die Seite. Die milder
chusteczkę przed [---] usta i spojrzał na [---] stronę [---] łagodniej

gestimmten Ratsherren aber ermahnten die strengeren:
usposobieni radcy jednak upominali [---] bardziej surowych

"Lasst jetzt den armen Teufel laufen! Am Galgen ist er gewesen,
pozwólcie teraz [---] biednemu diabłowi [biedakowi] pobiec na szubienicy [---] on był

und mehr habt ihr nicht verlangt, und Todesangst hat er
a więcej [---] wy nie żądaliście a strach przed śmiercią [---] on

ausgestanden." Also ließen sie ihn laufen.
przeszedł więc pozwolili oni mu pognać

Seltene Liebe
rzadka miłość

Mit dem Leichnam eines jungen Mannes in der Schweiz, der
ze [---] zwłokami pewnego młodego człowieka w [---] Szwajcarii który

erschossen wurde in einem Gefecht nicht weit vom
zastrzelony został w [---] walce nie daleko od

Vierwaldstätter See, mit dem ging es seltsam zu. Dass er nach
Jeziora Czterech Kantonów z nimi skończyło się 1.... [---] dziwnie ...1 że on po

dem Gefecht begraben worden war, an einem gut ausgewählten Platz,
[---] walce pochowany został [---] na [---] dobrze wybranym miejscu

das wussten mehr als zwanzig Männer aus dem Ort. Die, die es
to wiedziało więcej niż dwudziestu mężczyzn z [---] miejscowości ci którzy to

taten und dabei waren und ein Kreuz, wie man in der Eile eines
zrobili i przy tym byli i [---] krzyż jak [---] w [---] pośpiechu jakiś

machen kann, auf sein Grab steckten. Auf dass, wer vorüberginge,
zrobić można na jego grób wetknęli ażeby kto przechodziłby obok

auch ein Vaterunser für seine Seele beten konnte.
też [---] Ojcze Nasz za jego duszę pomodlić się mógł

Am Dienstag darauf, als der Kirchenpfleger frühmorgens in die Kirche
we wtorek po tym kiedy [---] kościelny wczesnym rankiem do [---] kościoła

gehen und das Morgengebet anläuten wollte, lag der Leichnam
iść i [na] [---] modlitwę poranną dzwonić chciał leżało [---] ciało

daheim auf dem Kirchhof, vor der Kirchtüre. Man begrub ihn
w domu [u siebie] na [---] cmentarzu przed [---] drzwiami kościoła pochowano go

noch einmal mit allen Gebräuchen und Gebeten der Kirche in die
jeszcze raz ze wszystkimi zwyczajami i modlitwami [---] kościoła do [---]

geweihte Erde.
święconej ziemi

Als es noch einmal Dienstag wurde, war der Leichnam wieder aus
kiedy [---] jeszcze raz wtorek stał się [---] [---] ciało znowu z

dem Grab und von dem Kirchhof weg verschwunden. Sonst tut der
[---] grobu i z [---] cmentarza precz zniknęło zazwyczaj czyni [---]

Glaube Wunder. Diesmal aber tat es des Glaubens fromme Schwester,
wiara cuda tym razem ale zrobiła to [---] wiary pobożna siostra

die Liebe.
[---] miłość

Er war als Freiwilliger mitgezogen, weil ihm die Gemeinde, falls
on był jako ochotnik przyłączony [do wojska] ponieważ mu [---] gmina w przypadku, gdy

er dabei den Tod fände, das Bürgerrecht angeboten hatte. Denn er
on przy tym [---] śmierć znalazłby [---] prawo obywatelskie oferowała [---] ponieważ on

den Tod finden = umrzeć, zginąć

war nur ein einfacher Maurer, was zwar nicht zur Sache, aber zur
był tylko [---] prostym murarzem co wprawdzie nie do rzeczy ale do

Wahrheit gehört. Seine junge Frau aber ängstigte sich daheim und
prawdy należy jego młoda żona ale niepokoiła się w domu i

weinte und betete, und jeder Schuss, den sie hörte, ging ihr schaurig
płakała i prosiła i każdy strzał który ona słyszała szedł jej okropnie

durchs Herz, denn sie fürchtete, er gehe durch das seinige.
przez serce ponieważ ona obawiała się on idzie przez [---] jego [serce]

durch das Herz gehen = ranić serce

Einer ging da durch, und als die anderen am dritten oder vierten
jeden przeszedł 1... tamtędy ...1 i kiedy [---] inni na trzeci lub czwarty

Tag wohlbehalten nach Hause kamen, brachten sie ihr das blutige
dzień w dobrym stanie do domu przyszli przynieśli oni jej [---] zakrwawioną

Gewand ihres Mannes, sein Gebetsbüchlein und seinen Rosenkranz.
szatę jej męża jego książeczkę do nabożeństwa i jego różaniec

"Dein Mann", sagten sie, **"hat jetzt ein anderes Bürgerrecht**
twój   mąż   powiedzieli oni   [---] teraz [---]   inne   prawo obywatelskie

angetreten. Er liegt im Ried. Ein Kreuz steht auf seinem Grab. Es
objął   on leży w sitowiu [---] krzyż stoi na jego grobie to

hätte jeden treffen können", sagten sie. **Die arme Frau verging**
[---] każdego spotkać mogłoby powiedzieli oni [---] biedna kobieta zginęła

fast in Tränen und Wehklagen.
prawie we   łzach   i   lamentowaniu

"Mein Mann erschossen", sagte sie, **"mein Einziges und Alles**
mój mąż   zastrzelony powiedziała ona   moje   jedyne   i wszystko [co mam]

— und im Ried begraben, in ungeweihter Erde!"
i   w sitowiu pogrzebany w   nieświęconej ziemi

Da raffte   sie sich plötzlich auf, und in der Nacht, als alles schlief,
wtedy przemogła 1... ona się   nagle   ...1 i w [---] nocy kiedy wszystko spało

ging   sie allein mit einer Schaufel und mit einem Sack in das Ried
zeszła 2... ona sama z [---] łopatą i z [---] workiem do [---] sitowia

hinunter, suchte das Grab und die geliebte Leiche und trug sie heim
...2   poszukała [---] grobu i [---] kochane zwłoki i zaniosła ona do domu

auf den Kirchhof. Solche Herzhaftigkeit und Stärke hatte ihr der
na [---] cmentarz   taką   serdeczność i siłę [---] jej [---]

Schmerz und die Liebe gegeben.
ból   i   [---] miłość   dała

Als sie aber danach Tag und Nacht sich fast nie mehr von dem
kiedy ona jednak potem dzień i noc się prawie nigdy więcej od [---]

Grabe entfernen und nicht essen und trinken wollte, sondern
grobu oddalić i nie jeść i pić chciała lecz

unaufhörlich das Grab mit ihren Tränen benetzte und mit dem
nieustająco [---] grób (ze) swoimi [jej] łzami zwilżała i z [---]

Verstorbenen redete, als ob er sie hören könnte, da   sagte endlich
umarłym   rozmawiała jakby on ją słyszeć mógł(by) wtedy powiedział w końcu

der Vorsteher des Ortes,   es sei kein anderes Mittel übrig, als
[---] zarządca [---] miejscowości [---] jest żaden inny   środek pozostały niż [jak]
es bleibt nichts anderes übrig = nie pozostaje nic innego

man grabe den Toten heimlicherweise noch einmal aus und
wykopie się 3... [---] martwego potajemnie jeszcze raz ...3 i

bringe ihn auf einen anderen Kirchhof, sonst vergehe noch die arme
zaniesie się go na [jakiś] inny cmentarz inaczej umrze jeszcze [---] biedna

Frau. Also brachte man sie mit viel Zureden und Mühe in ihre leere
kobieta więc odprowadzono 4... ją z wieloma namowami i trudem do jej pustego

Wohnung zurück und brachte in der Nacht den Leichnam auf einen
mieszkania   ...4 i zaniesiono w [---] nocy [---] ciało na [---]

anderen Kirchhof. Nur wenige Menschen wussten, wohin.
inny   cmentarz   tylko niewielu   ludzi   wiedziało   dokąd

Den frommen Leser rührt diese Geschichte, und er sagt, solcher
[---] pobożnego czytelnika wzrusza ta historia i on mówi [do] takiej

beispiellosen ehelichen Liebe und Treue können nur noch
niebywałej szczerej miłości i wierności mogą tylko jeszcze

Schweizerherzen fähig sein. Irrtum! Beide, die unglückliche Frau und
serca szwajcarskie zdolne być pomyłka! oboje [---] nieszczęśliwa kobieta i

ihr verstorbener Gatte waren Fremdlinge, und zwar aus Deutschland.
jej zmarły małżonek byli cudzoziemcami a mianowicie z Niemiec

Doch kein Schmerz dauert ohne Ende; der heftigste am wenigsten.
jednak żaden ból trwa bez końca [---] najsilniejszy najmniej

Die Frau gewann in der Folge einen zweiten braven Gatten, ebenfalls
[---] kobieta zdobyła później [---] drugiego poczciwego małżonka również

einen Deutschen, und die Gemeinde erteilte diesem das Bürgerrecht,
[---] Niemca a [---] gmina przyznała temu [---] prawo obywatelskie

das sein Vorgänger mit seinem Leben erkauft hatte.
które jego poprzednik (ze) swoim [jego] życiem zakupił [---]

Diese Geschichte hat mir auf dem See zwischen Winkel und Stansstad
tę historię [---] mi na [---] jeziorze między Winkel a Stansstad

ein Augenzeuge erzählt, und von der Ferne den Ort gezeigt, wo
pewien świadek naoczny opowiedział i z [---] oddali [---] miejscowość pokazał gdzie

sie vorgefallen war.
ona wydarzyła się [---]

Seltsame Ehescheidung
dziwny rozwód

Ein junger Schweizer aus Solothurn kam in spanische Dienste, hielt
pewien młody Szwajcar z Solury przybył do hiszpańskiej służby trzymał

sich gut und erwarb sich einiges Vermögen. Als es ihm aber zu wohl
się dobrze i nabył sobie własny majątek kiedy [---] mu jednak zbyt dobrze

war, dachte er: will ich oder will ich nicht?
było pomyślał on chcę ja czy chcę ja nie

Endlich wollte er, nahm eine hübsche, wohlhabende Spanierin zur
w końcu chciał on wziął [---] piękną zamożną Hiszpankę za

Frau und machte damit seinen guten Tagen ein Ende.
żonę i zrobił tym swoim [jego] dobrym dniom [---] koniec

Denn in den spanischen Haushaltungen ist die Frau der Herr,
bowiem w [---] hiszpańskich gospodarstwach domowych jest [---] kobieta [---] mężczyzną

ein guter Freund der Mann, und der Mann ist die Magd.
[---] dobry przyjaciel [---] mężczyzną a [---] mężczyzna jest [---] służącą

Als nun der bedauernswerte Schweizer von der Sklaverei müde war,
kiedy teraz [---] godny pożałowania Szwajcar [przez] [---] niewolą zmęczony był

fing er an, das fröhliche Leben in der Schweiz und die goldenen
zaczął 1... on ...1 [---] wesołe życie w [---] Szwajcarii i [---] złote

Berge zu rühmen; er meinte die Schneeberge im Sonnenglast,
góry [---] wychwalać on miał na myśli [---] ośnieżone góry w blasku słońca

und wie man lustig nach Einsiedeln wallfahrten könne
i jak [---] wesoło do Einsiedeln [miejscowość w Szwajcarii] pielgrzymować można

und schön beten am Grabe des heiligen Niklas, und was für ein
i pięknie modlić się przy grobie [---] świętego Niklasa i co za [---]

großes Vermögen er daheim besitze.
wielki majątek on w domu posiada

Da wässerte endlich der Spanierin der Mund nach dem schönen Land
wtedy zmoczyły się w końcu [---] Hiszpance [---] usta na [---] piękny kraj
jemandem wässert der Mund nach etwas = komuś cieknie ślinka, przychodzi ochota na coś

und es war ihr recht, ihr Vermögen zu Geld zu machen und mit
i to było jej odpowiednie jej majątek na pieniądze [---] zrobić i z

ihm zu ziehen in seine goldene Heimat.
nim [---] przenieść się do jego złotej ojczyzny

Also zogen sie miteinander über das große Pyrenäische Gebirge bis an
zatem ruszyli oni razem przez [---] wielkie pirenejskie góry aż do

den Grenzstein, der Spanien von Frankreich trennt; sie mit dem
[---] kamienia granicznego który Hiszpanię od Francji dzieli ona z [---]

Geld auf einem Esel, er nebenher zu Fuß. Als sie aber an dem
pieniędzmi na [---] osiołku on tuż obok pieszo kiedy oni ale przy [---]

Grenzstein vorüber waren, sagte er:
kamieniu granicznym poza byli [minęli] powiedział on
der Schmerz/das Gewitter/die Veranstaltung ist vorüber = ból/burza minęła/impreza skończyła się

"Frau, wenn's dir recht ist, bis hierher haben wir's spanisch
żono jeśli to tobie właściwe jest aż dotąd [---] my [---] po hiszpańsku

miteinander getrieben, von jetzt an treiben wir's schweizerisch. Bist
razem prowadziliśmy [się] od tej chwili [tu:] żyjemy (my)[---] po szwajcarsku [---]

du von Madrid bis an den Markstein geritten und ich bin dir
ty z Madrytu aż do [---] kamienia granicznego jechałaś [na osiołku] a ja [---] [za] tobą

zu Fuß nachgetrabt den langen Berg hinauf, so reit' ich jetzt
pieszo biegłem [---] długą górą w górę więc jadę [na osiołku] ja teraz

von hier weg bis Solothurn, und der Fußgänger bist du."
stąd do Solury a [---] pieszym jesteś ty

Als sie darüber sich unwillig stellte und schimpfte und drohte und
kiedy ona do tego się niechętnie ustosunkowała i wyzywała i groziła i

nicht von dem Tierlein herunter wollte:
nie ze [---] zwierzątka na dół [zejść] chciała

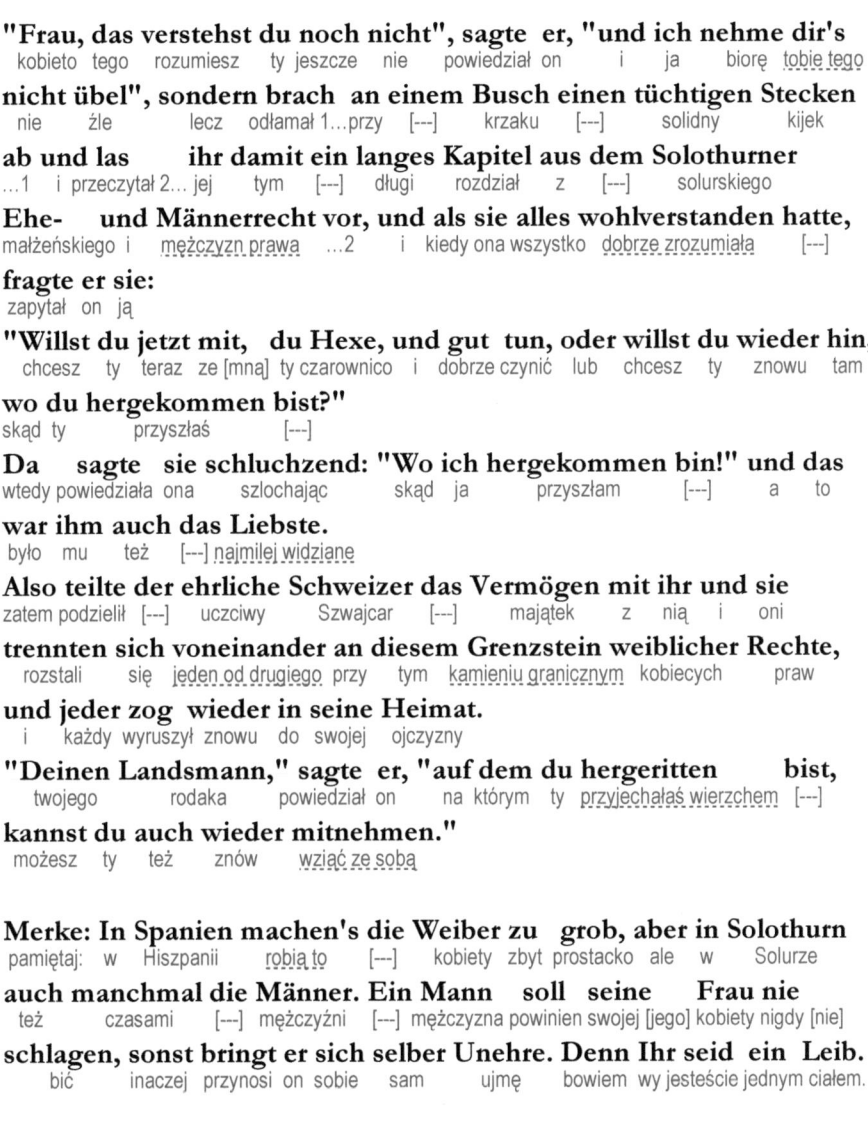

"Frau, das verstehst du noch nicht", sagte er, "und ich nehme dir's
kobieto tego rozumiesz ty jeszcze nie powiedział on i ja biorę tobie tego

nicht übel", sondern brach an einem Busch einen tüchtigen Stecken
nie źle lecz odłamał 1...przy [---] krzaku [---] solidny kijek

ab und las ihr damit ein langes Kapitel aus dem Solothurner
...1 i przeczytał 2... jej tym [---] długi rozdział z [---] solurskiego

Ehe- und Männerrecht vor, und als sie alles wohlverstanden hatte,
małżeńskiego i mężczyzn prawa ...2 i kiedy ona wszystko dobrze zrozumiała [---]

fragte er sie:
zapytał on ją

"Willst du jetzt mit, du Hexe, und gut tun, oder willst du wieder hin,
chcesz ty teraz ze [mną] ty czarownico i dobrze czynić lub chcesz ty znowu tam

wo du hergekommen bist?"
skąd ty przyszłaś [---]

Da sagte sie schluchzend: "Wo ich hergekommen bin!" und das
wtedy powiedziała ona szlochając skąd ja przyszłam [---] a to

war ihm auch das Liebste.
było mu też [---] najmilej widziane

Also teilte der ehrliche Schweizer das Vermögen mit ihr und sie
zatem podzielił [---] uczciwy Szwajcar [---] majątek z nią i oni

trennten sich voneinander an diesem Grenzstein weiblicher Rechte,
rozstali się jeden od drugiego przy tym kamieniu granicznym kobiecych praw

und jeder zog wieder in seine Heimat.
i każdy wyruszył znowu do swojej ojczyzny

"Deinen Landsmann," sagte er, "auf dem du hergeritten bist,
twojego rodaka powiedział on na którym ty przyjechałaś wierzchem [---]

kannst du auch wieder mitnehmen."
możesz ty też znów wziąć ze sobą

Merke: In Spanien machen's die Weiber zu grob, aber in Solothurn
pamiętaj: w Hiszpanii robią to [---] kobiety zbyt prostacko ale w Solurze

auch manchmal die Männer. Ein Mann soll seine Frau nie
też czasami [---] mężczyźni [---] mężczyzna powinien swojej [jego] kobiety nigdy [nie]

schlagen, sonst bringt er sich selber Unehre. Denn Ihr seid ein Leib.
bić inaczej przynosi on sobie sam ujmę bowiem wy jesteście jednym ciałem.

www.holder-augsburg-zweisprachig.de